Watercolor Blumen Step by Step

Natalie Selinski

Watercolor BLUMEN STEP BY STEP

Lieblingsblumen
mit Aquarellfarben malen

CV

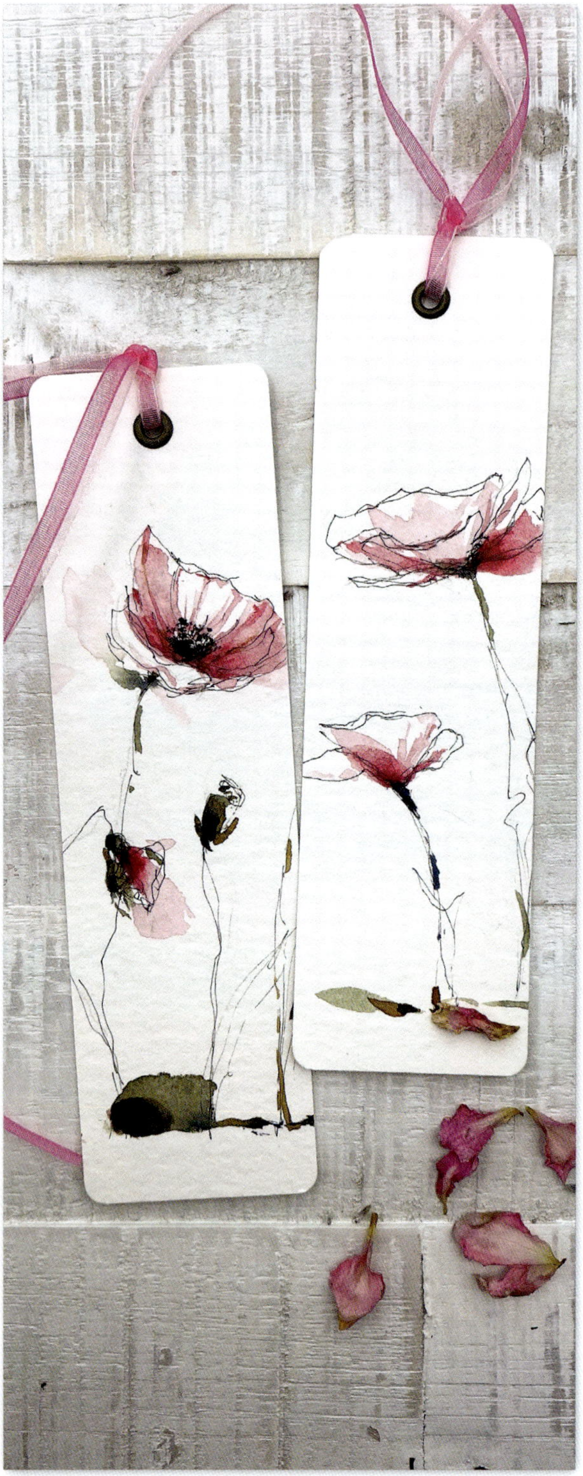

Inhalt

Vorwort

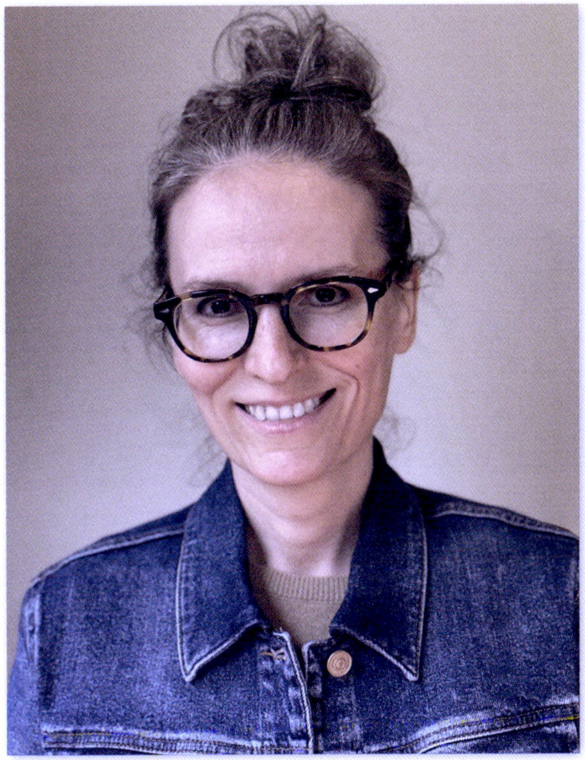

Lieblingsblumen malen

Von klein auf bin ich fasziniert von jeglicher Art von Kunst und Kreativität. Bis heute beeindrucken mich Zeichnungen und vor allem fotorealistische Aquarelle. Gleichzeitig hat mich diese Perfektion jedoch lange Zeit eingeschüchtert. Ich war schlicht der Meinung, wenn meine eigenen Bilder nicht so perfekt aussehen, dann sind sie einfach nicht gut.

Erst nachdem ich aufgrund meines Interesses für den Themenbereich rund um Lettering und Schriftgestaltung eine Zeit lang auf Instagram aktiv war und dort viele verschiedene Aquarellstile entdeckte, habe ich den Mut gefunden, mich selbst noch einmal intensiver mit der Aquarellmalerei zu beschäftigen. Mit der Zeit habe ich für mich herausgefunden, dass meine Blumen gar nicht real, sondern eher leicht und locker aussehen sollten, ja vielleicht sogar ein bisschen unperfekt. So konnte ich die Zweifel an meinem Können ablegen. Ich hoffe sehr, dir mit diesem Buch Inspirationen und Motivation zu geben und genau die Leichtigkeit zu vermitteln, die ich an der Aquarellmalerei so liebe.

Ich freue mich von Herzen, dass du jetzt dieses Buch in den Händen hältst und ich bin glücklich, wenn ich dich auf deinem kreativen Weg begleiten kann. Ich wünsche dir unendlich viel Freude dabei, dich auszuprobieren, mit Farben und Techniken zu experimentieren und viele zauberhafte Blumen-Aquarelle zu gestalten.

Deine Natalie

Grundlagen

Wenn du beginnen möchtest, mit Aquarellfarben zu malen, hast du, was die Materialien angeht, die Qual der Wahl. Diese Wahl möchte ich dir erleichtern, indem ich dir zeige, womit ich am liebsten arbeite und was sich für mich bewährt hat. Außerdem erkläre ich dir die Grundlagen der Farbenlehre und alles Wichtige zu den Aquarell-Maltechniken. So wird dir der Start in diese wunderschöne Maltechnik leicht gelingen.

Aquarellpapier

Anfangs war ich vom großen Angebot an Aquarellpapieren ziemlich überwältigt. Wofür sollte ich mich entscheiden? Welches ist das beste Papier?
Es ist jedoch kaum möglich, diesbezüglich einen konkreten Rat zu geben. Wie ich selbst festgestellt habe, kommt es immer darauf an, welches Ergebnis erzielt werden soll.
Beispielsweise habe ich mir zu Anfang einen dicken Block mit günstigem Aquarellpapier auf Basis von Zellulose gekauft. Die Mal-Ergebnisse entsprachen nicht meinen Erwartungen. Zuerst dachte ich schlicht, es läge daran, dass ich nicht gut malen kann. Glücklicherweise habe ich mich davon nicht beeindrucken lassen, sondern habe mir stattdessen Papier aus Baumwolle gekauft. Das Mal-Ergebnis gefiel mir deutlich besser.
Im Folgenden stelle ich die gängigsten Papiersorten kurz vor, um dir die Auswahl vorab etwas zu erleichtern.
Wie soeben beschrieben, macht die Höhe des Baumwollanteils (Hadern) im Papier einen großen Unterschied. Je niedriger der Baumwollanteil und je höher der Zelluloseanteil des Aquarellpapiers, desto schwieriger ist es - aus meiner Erfahrung - das Mal-Ergebnis des Bildes (zum Beispiel den Farbverlauf oder die Farbaufnahme) zu kontrollieren.
Ein weiterer Unterschied liegt in der Grammatur (Gewichtsanteil, Angabe in g/m^2) des Papiers. Spätestens, wenn neben der Farbe andere Hilfsmittel zur Gestaltung eingesetzt werden, wie Malmesser oder Maskierflüssigkeit („Rubbel-Krepp“), ist ein qualitativ hochwertiges und nicht zu dünnes Papier von Vorteil. Ich selbst nutze meist Papiere mit 250-300 g/m^2.
Des Weiteren werden die Papiersorten anhand ihrer Oberflächenbeschaffenheit unterschieden, die durch das jeweilige Herstellungsverfahren bestimmt wird. Man unterscheidet:

a) Heiß gepresstes Papier (hot pressed, satiniert)
Hier ist die Oberfläche des Papiers ganz glatt und samtig zart. Die Farben wirken äußerst intensiv, ziehen aber kaum in das Papier ein, was es für Anfänger sehr schwierig macht, das Mal-Ergebnis zu kontrollieren. Es bilden sich schnell unansehnliche „Pfützen“, die sich auch nicht ohne Weiteres nachbearbeiten lassen. Ich selbst empfinde dieses Papier auch heute noch als schwer beherrschbar.

b) Kalt gepresstes Papier (cold pressed, grain fin)
Verglichen mit dem heiß gepressten Papier ist die Oberfläche etwas strukturierter und ermöglicht eine gute Farbaufnahme sowie Farbverläufe. Ich persönlich nutze diese Papierart sehr häufig.

c) Raues Papier (rough, grain torchon)
Die besonders stark strukturierte Oberfläche kommt bestimmten Maltechniken zugute, zum Beispiel der Trockenmaltechnik. Auch bestimmte Farben, die stark granulierende Pigmente ent-

v. o. n. u.: Satiniertes Papier, feines Papier, raues Papier

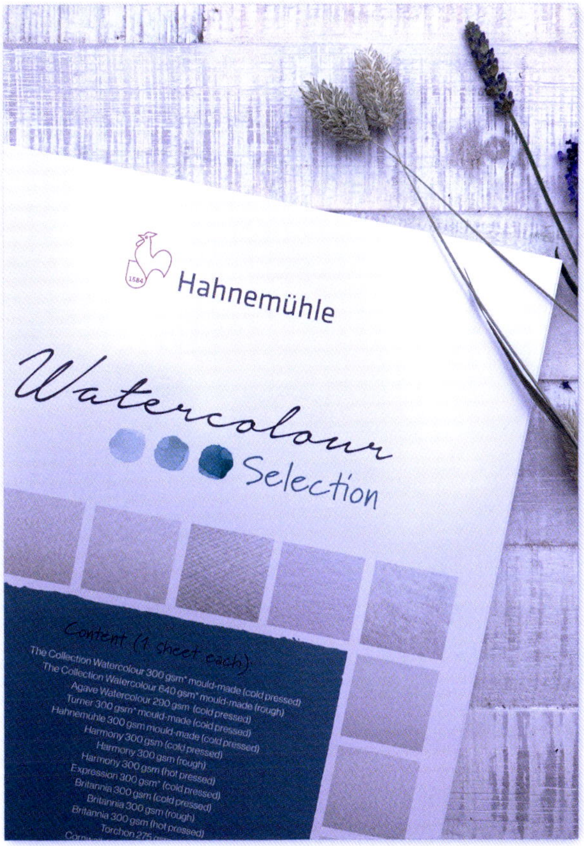

Aquarellblock „Selection“ von der Firma Hahnemühle

halten, entfalten hier ihre volle Wirkung. Durch die grobe Struktur entstehen „kleine Täler“ im Papier, die die Pigmente der stark granulierenden Farben zusätzlich separieren und hierbei den Effekt ausmachen.

Für Aquarelleinsteiger kann ich an dieser Stelle den Aquarellblock „Selection“ der Firma Hahnemühle empfehlen. Dieser beinhaltet eine große Auswahl an verschiedenen Papiersorten, jeweils mit einer kleinen Beschreibung des Papiers. Die Auswahl ermöglicht es, Papiere verschiedenster Grammatur, Oberflächenbeschaffenheit und mit unterschiedlichem Baumwollanteil auszuprobieren, ohne für jede einzelne Papiersorte gleich einen ganzen Block kaufen zu müssen.
Mein Lieblingspapier von Hahnemühle ist „The Collection Watercolour“. Dieses ist ebenfalls im eben erwähnten Block in zwei verschiedenen Grammaturen und Oberflächenbeschaffenheiten enthalten.
Ein weiteres Papier, welches ich sehr gern für meine Aquarelle benutze, ist „Saunders Waterford“, ein Papier des Herstellers St Cuthberts Mill.

Pinsel

Nachdem ich mit der Aquarellmalerei begonnen hatte und unter anderem auf Instagram die vielen zauberhaften Illustrationen anderer Künstler bewundert hatte, begann ich mich für die Materialien der jeweiligen Künstler zu interessieren. Häufig war angegeben, welches Papier oder welchen Pinsel sie benutzt hatten. Ich war sicher, mit dem jeweiligen Pinsel ebenso schön malen zu können. Binnen kürzester Zeit konnte ich so eine Reihe von Pinseln mein Eigen nennen. Leider hat sich herausgestellt, dass es wohl doch nicht (nur) am Pinsel liegt, ob einem das Bild gelingt. Nichtsdestotrotz konnte ich auf diese Weise viele verschiedene Pinselarten ausprobieren. Heute muss ich jedoch sagen, dass ich letztendlich nur eine Handvoll Pinsel davon (hauptsächlich Rundpinsel in verschiedenen Größen) tatsächlich noch regelmäßig nutze.

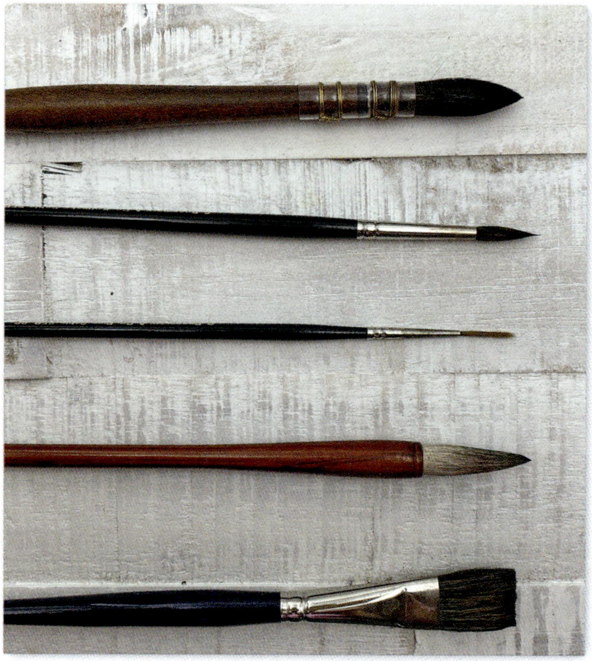

v. o. n. u.: Verwaschpinsel, Rundpinsel, Linierpinsel, Chinesischer Kalligrafiepinsel, Flachpinsel

Aquarellpinsel lassen sich hinsichtlich folgender Kriterien unterscheiden:
Zum einen nach der Beschaffenheit der Pinselhaare (Echthaar oder Synthetikhaar), und zum anderen nach der Pinselform.
Zu den Echthaarpinseln zählen zum Beispiel Kolinsky-Rotmarderpinsel (hergestellt aus Haaren von verschiedenen Wieselarten) sowie solche aus Iltis- oder Fehhaar (Eichhörnchen).
Chinesische Kalligrafiepinsel, mit denen ich auch hin und wieder male, sind häufig aus Ziegenhaar gebunden.
Neben den oben erwähnten Echthaar- bzw. Synthetikpinseln werden auf dem Markt auch halbsynthetische Pinsel angeboten. Diese bestehen sowohl aus Echt- als auch aus Synthetikhaar.
In der Vergangenheit lagen die Vorteile von Echthaarpinseln aufgrund der Beschaffenheit der natürlichen Haarstruktur in der Fähigkeit, mehr Farbe (und Wasser) aufzunehmen und abzugeben. Die heutzutage angebotenen synthetischen Pinsel haben aber mittlerweile auch diese Fähigkeit.

Unter den verschiedenen Pinselformen ist vermutlich der **Rundpinsel** einer der bekanntesten Pinsel.
Dieser ist nahezu universell einsetzbar. Er kann sowohl zum Anlegen von Flächen, jedoch durch seine feine Spitze auch für Detailarbeiten genutzt werden.
Als besondere Form des Rundpinsels sei der Französische Pinsel genannt. Er besteht häufig aus Fehhaar, hat eine etwas „bauchige“ Bindung und wird auch Verwaschpinsel genannt. Er hat die Fähigkeit, besonders viel Wasser zu speichern und abzugeben.

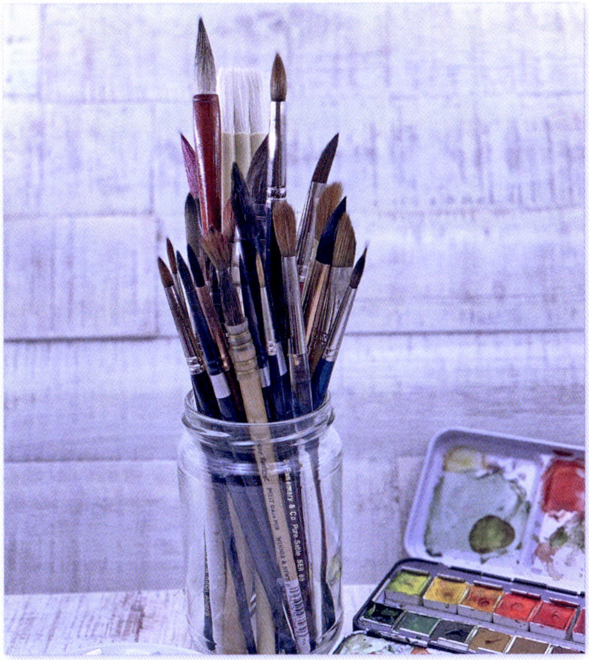

Ein kleiner Teil meiner Pinsel

Flachpinsel hingegen eignen sich besonders gut, um größere Flächen anzulegen. Ebenso können sie genutzt werden, um das Aquarellpapier vor dem Malen großflächig anzufeuchten.
Schlepper- oder Linierpinsel sind ganz schmal und dünn gebunden und können für feine Linien, zum Beispiel für Äste, Sträucher oder Gräser, genutzt werden.

Nach jeder Benutzung empfiehlt es sich, die Pinsel unter fließendem Wasser auszuwaschen und trocknen zu lassen. Keinesfalls sollte man jedoch einen Pinsel kopfüber im Wasserglas stehen lassen, da sich die Pinselhaare sonst gegebenenfalls dauerhaft verbiegen, was letztendlich den Pinsel ruiniert. Wie gut habe ich den Anblick sichelförmig verformter Pinsel aus Grundschulzeiten noch in Erinnerung ...

Gelegentlich können Pinsel auch einer kleinen Grundreinigung unterzogen werden. Ich nutze dazu hauptsächlich Wasser und etwas Kernseife. Im Fachhandel wird aber auch spezielle Seife zur Pinselreinigung angeboten.

Aquarellfarben

Im Folgenden möchte ich kurz auf die Herstellung bzw. Zusammensetzung von Aquarellfarben eingehen sowie auf die verschiedenen auf dem Markt angebotenen Produkte.
Aquarellfarben bestehen in der Regel aus Farbpigmenten und Bindemitteln.
Farbpigmente können verschiedensten Ursprungs sein. Sie werden in Pigmente organischen und anorganischen Ursprungs unterteilt. Zu den Pigmenten organischen Ursprungs gehören zum Beispiel die aus Pflanzen (z.B. Indigo) oder Tieren (z.B. Sepia) gewonnenen Farbpigmente. Die aus Erden (Mineralien) gewonnenen Pigmente zählt man zu den anorganischen Pigmenten.
Heutzutage werden die organischen Pigmente jedoch hauptsächlich industriell hergestellt.
Jeder Farbe werden die entsprechenden Kennzeichen der genutzten Pigmente zugeordnet. Dies ermöglicht es, Farben verschiedener Hersteller miteinander zu vergleichen.
Der zweite Hauptbestandteil von Farben ist das Bindemittel. Hierbei wird hauptsächlich Gummiarabikum genutzt.
Im Handel sind Aquarellfarben in fester Form in Näpfchen sowie in pastöser Form in Tuben verschiedener Größe erhältlich.
Vorteilhaft bei Tubenfarbe ist, dass sie direkt aus der Tube verwendet werden kann und nicht zuvor mit Wasser angelöst werden muss.
Möchte man jedoch auch unterwegs malen, eignen sich Näpfchen wesentlich besser für den Transport.

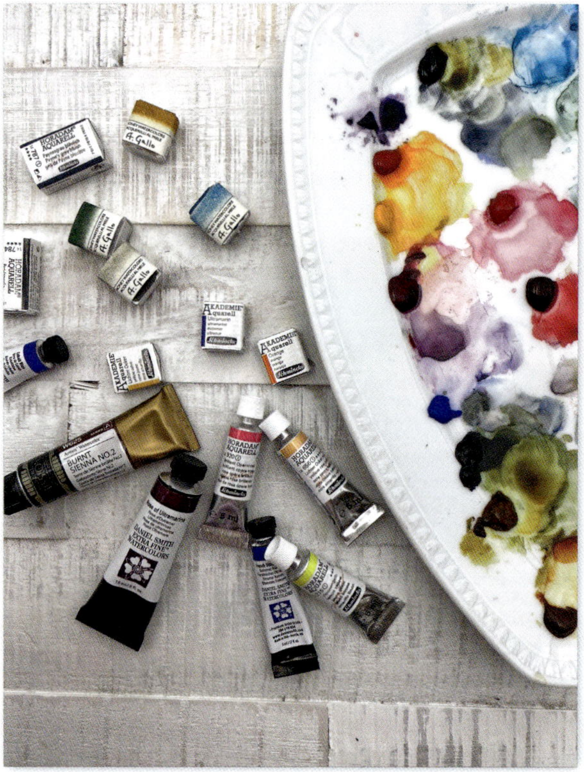

Aquarellfarben in Näpfchen, Tuben und auf der Malpalette

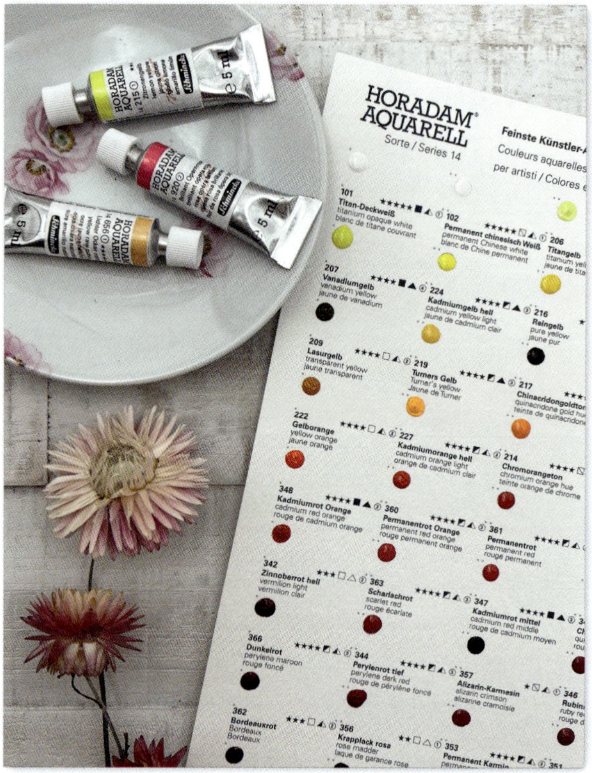

Dot Card der Firma Schmincke

Hat man sein persönliches Farbschema gefunden, lohnt sich dennoch der Kauf von Tuben. Diese können auch in Näpfchen abgefüllt werden. Sobald sie getrocknet sind, sind sie somit auch transportfähig.
Die Qualität von Aquarellfarben lässt sich in „Studienqualität" und „Künstlerqualität" unterteilen. Im Vergleich zur Studienqualität enthalten Künstlerfarben einen höheren Anteil an Pigmenten, die zusätzlich auch wesentlich feiner gemahlen werden. Dies hat nicht nur eine unmittelbare Wirkung auf Leuchtkraft und Brillanz der Farben, sondern auch auf den Preis.
Um das Medium Aquarellmalerei auszuprobieren, sowie bei kleinformatigen Bildern ist aus meiner Sicht jedoch eine kleine Auswahl an Farben in Studienqualität ausreichend.

Eine tolle Möglichkeit, Farben und Hersteller auszuprobieren und zu vergleichen, bieten die sogenannten Dot Cards, die von den meisten Herstellern zusätzlich zu ihrem Sortiment an Näpfchen und Tuben angeboten werden. Hier sind von den einzelnen Farben jeweils kleine Tupfen auf Aquarellpapier aufgebracht, die zu Hause angelöst und getestet werden können. Ich selbst habe einige dieser Karten in Benutzung und konnte mir so meine Lieblingsfarben zusammenstellen.

Weitere hilfreiche Materialien

Wasserglas – Neben Papier, Farbe und Pinsel ist natürlich Wasser unerlässlich für die Aquarellmalerei. Sofern genügend Platz vorhanden ist, können auch zwei Gläser Wasser genutzt werden. Eines, um den Pinsel auszuwaschen, und ein zweites, um mit sauberem Wasser die neue Farbe aufzunehmen.

Mischpalette – Hier eignen sich alle glatten Dinge, die einen hellen (weißen) Untergrund haben. So nutze ich beispielsweise auch gern alte Teller von meiner Oma zum Anmischen der Farben.

Bleistift (und Radiergummi) – Einen Bleistift nutze ich zum einen, um ganz zarte Vorzeichnungen zu erstellen, oder auch für kräftige Linien, die bewusst in ein Aquarellbild integriert werden. Es gibt auch Aquarellbleistifte, die sich dann mit Wasser vermalen lassen und keine sichtbaren Linien hinterlassen.
Es empfiehlt sich, einen Radiergummi stets sehr vorsichtig einzusetzen, da ansonsten die Papierstruktur verändert wird. Um dies von vornherein zu umgehen, können auch sogenannte Knetradiergummis genutzt werden.

Fineliner oder Füller – Mit einem Fineliner oder Füller (ich nutze hauptsächlich einen Füller mit wasserfester schwarzer Tinte und einer extra feinen Feder) können sowohl komplette Outlines gezogen werden, als auch nur ein paar feine Akzente gesetzt werden.

Küchentücher o.Ä. eignen sich sehr gut, um überschüssiges Wasser aus dem Pinsel zu ziehen oder kleine Korrekturen auf dem Papier vorzunehmen, wenn man vorsichtig die noch feuchte Farbe vom Bild tupft.

Maskierflüssigkeit kann genutzt werden, um bestimmte Bereiche eines Bildes, die weiß bleiben sollen, vor Farbauftrag zu schützen.

Haartrockner – Dieser kommt meist zum Einsatz, wenn man die Lasurtechnik nutzen möchte, um so Bildbereiche schneller zu trocknen.

Weitere Hilfsmittel, mit denen verschiedene Effekte hinsichtlich der Farbstruktur oder Farbdarstellung im Aquarellbild erreicht werden können: Naturschwamm, Salz, Zahnbürste, Frischhaltefolie.

Farbenlehre

Überall sind wir von Farben umgeben. Bringen wir sie auf Papier, haben wir Einfluss darauf, ob sie – im Sinne der sich im Laufe der Jahrhunderte entwickelten Farblehre – zueinander passen.
Es hat einige Zeit gedauert, bis ich mich diesem Thema gewidmet habe, aber gerade, wenn man auch eigene Farbmischungen für Aquarellbilder nutzen möchte, ist es ein wertvolles Wissen.
Waren mir die Oberbegriffe der Farbenlehre aus Schulzeiten noch ein Begriff, hatte ich die Details jedoch längst wieder vergessen. Für alle, denen es ähnlich geht, beschreibe ich nachfolgend einmal in Kürze die wichtigsten Fakten zu diesem Thema.
Die Begriffe, an die ich mich erinnern konnte, waren zum einen „Primär-, Sekundär- und Tertiärfarben“ und zum anderen der Begriff Komplementärfarben. Mithilfe eines Farbkreises lassen sich diese und noch weitere Begriffe verdeutlichen.
Bei den Primärfarben (auch Grund- oder Hauptfarben genannt) handelt es sich um Gelb, Rot und Blau. Diese Farben können nicht durch Mischen anderer Farben hergestellt werden.

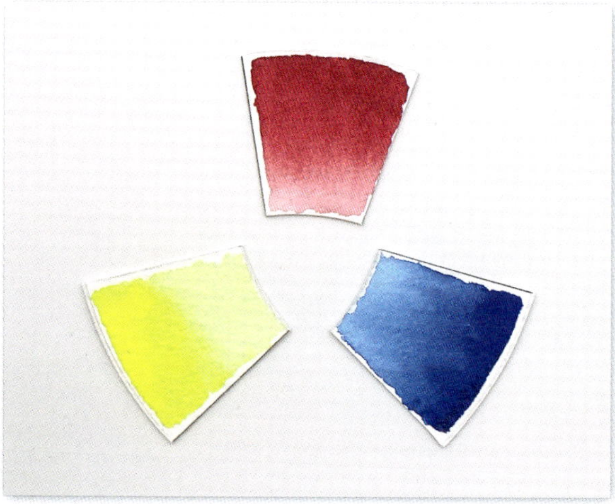

Primärfarben

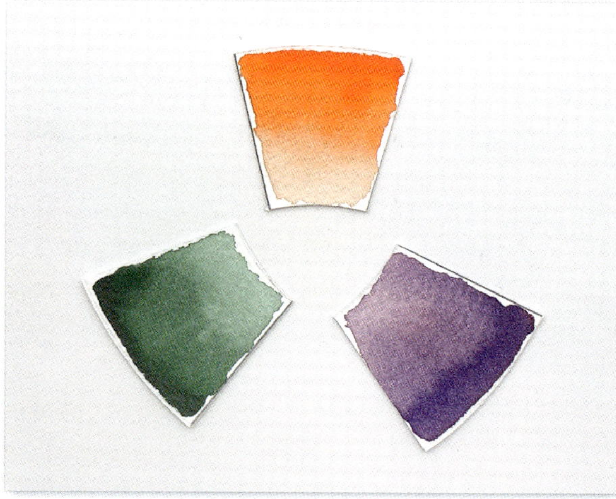

Sekundärfarben

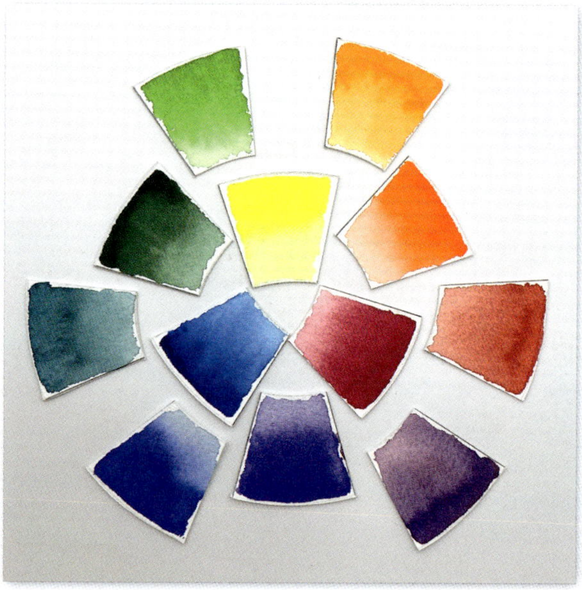

Tertiärfarben

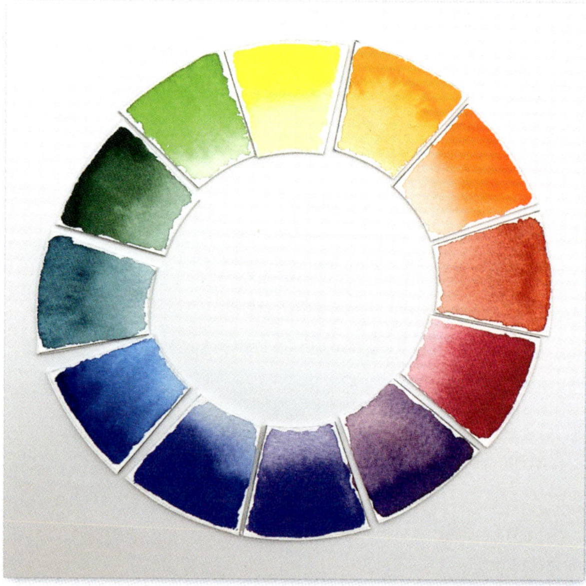

Farbkreis

Alle anderen Farben durch das Mischen der Grundfarben entstehen.
Mischt man jeweils zwei der Primärfarben miteinander, so erhält man daraus die Sekundärfarben. Aus Gelb und Rot erhält man Orange, Rot und Blau ergeben Violett und aus Blau und Gelb entsteht ein grüner Farbton.
Aus der Kombination jeweils einer dieser Sekundärfarben mit einer Primärfarbe ergibt sich wiederum eine Tertiärfarbe.

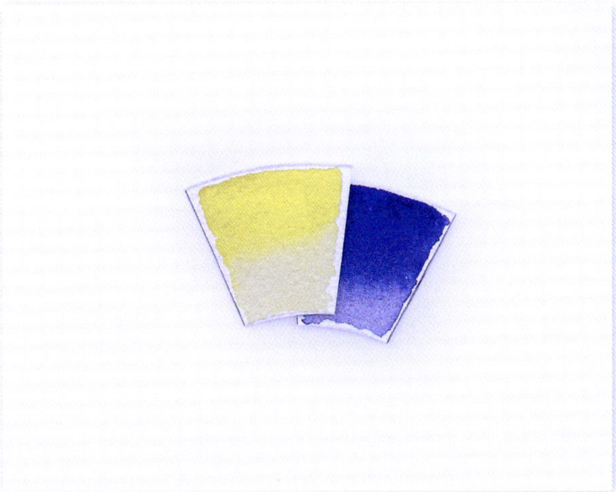

Komplementärfarben

Probiere das einfach einmal aus und erstelle dir so deinen eigenen Farbkreis.
Weitere Begriffe, die sich anhand des Farbkreises erklären lassen, sind unter anderem die Komplementärfarben sowie die Unterscheidung in kalte und warme Farben.
Als Komplementärfarben bezeichnet man die Farben, die sich im Farbkreis jeweils gegenüberliegen. Mischt man diese miteinander, so erhält man einen Grauton.
Die Vorstellung, Komplementärfarben innerhalb eines Bildes zu kombinieren, erscheint hingegen auf den ersten Blick eher unharmonisch, jedoch unterstützen sich diese Farbkombinationen gegenseitig in ihrer Leuchtkraft.
Die Unterscheidung in kalte und warme Farben kann zum einen innerhalb der Farben eines Farbkreises getroffen werden. So gehören die sechs Farben vom hellen Grün bis zum Rot zu den warmen Farben, die sechs Farben von Grün zu Violett zu den kalten Farben.
Je nachdem, aus welchen Pigmenten die Primärfarben hergestellt wurden, kann zum anderen aber auch bereits vor Erstellung eines Farbkreises zwischen kalten und warmen Farben unterschieden werden.
Mit den Farben Zitronengelb, Rubinrot und Heliocoelin gehört die von mir gemalte Version zur kalten Variante.
Eine warme Primärfarbenkombination hingegen wären zum Beispiel die Farben New Gamboge, Kadmium Rot und Ultramarin Blau.

Ich persönlich nutze für meine Blumenbilder nur wenige Farben und tatsächlich nur selten ein fertiges Grün. Ich liebe es, durch das Mischen von Blau und Gelb immer wieder verschiedene Grüntöne zu erhalten.
Für größere Projekte, bei denen zum Beispiel größere Mengen einer bestimmten Farbe benötigt werden, oder das Aquarell zwischenzeitlich trocknet, würde ich jedoch auf fertige Farben zurückgreifen, da ich ein „Nachmischen“ exakt identischer Farben sehr schwierig finde.

Maltechniken

Die Maltechniken in der Aquarellmalerei werden im Wesentlichen vom „Aggregatzustand“ des Papiers sowie von der Farbe (nass oder trocken) beeinflusst.
Hauptsächlich unterscheidet man das **Lasieren (trocken)** und das **Lavieren (nass)**.
Beim **Lasieren** wird auf eine bereits getrocknete transparente Farbschicht mindestens eine weitere transparent gehaltene Farbe aufgetragen, sodass die untere Farbe weiterhin sichtbar bleibt („Nass auf Trocken“).
Werden mit dieser Technik viele verschiedene Farben eingesetzt, sollte darauf geachtet werden, immer von hell nach dunkel zu arbeiten.

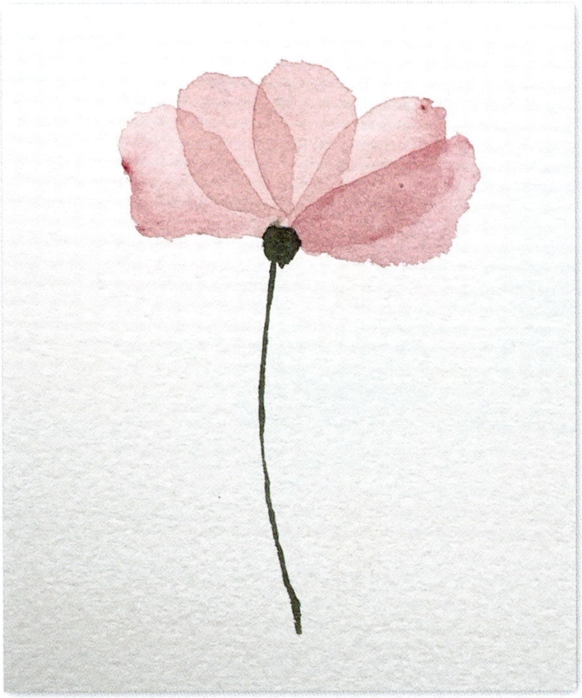

Lasieren

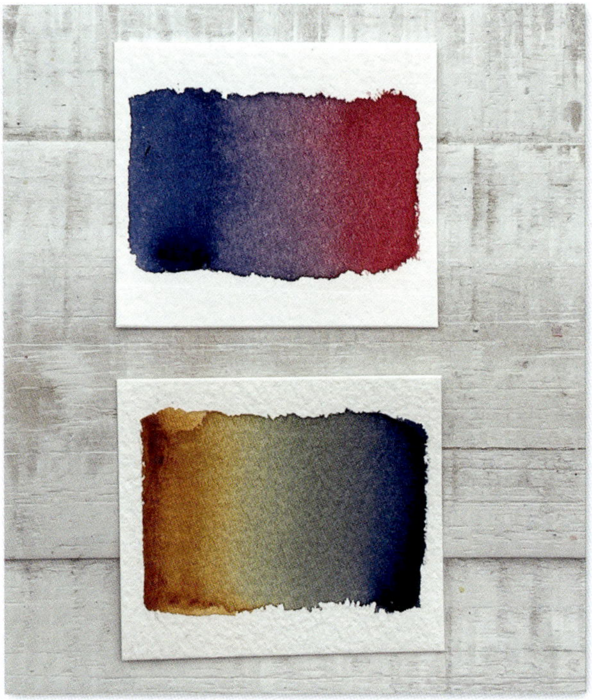

Lavieren

Im Bereich der Blumenmalerei bietet sich das **Lasieren** beispielsweise besonders für sich überlappende Blütenblätter an.
Als Unterkategorie sei an dieser Stelle noch die sogenannte **Trocken-in-Trocken-Technik** oder auch das **Granulieren** genannt. Hierbei ist die Nutzung eines rauen Papiers von Vorteil, da mit einer trockenen Farbmischung flach mit dem Pinsel über das Papier gestrichen wird und so eine durchbrochene Struktur entsteht, die durch eine raue Textur des Papiers zusätzlich unterstützt wird.
Diese Technik kann beispielsweise genutzt werden, um das reflektierende Sonnenlicht auf einem See darzustellen.
Beim **Lavieren** wird mit mindestens zwei noch flüssigen Farben gearbeitet, sodass diese sich in Teilen (selbstständig) vermischen.

Eine Unterkategorie des Lavierens bildet die sogenannte „**Nass-in-Nass-Technik**“. Hierbei wird im Vorhinein noch zusätzlich das Papier mit sauberem Wasser angefeuchtet und erst danach die Farbe aufgetragen. Die Pigmente verschwimmen so von Anfang an mit dem Wasser und untereinander. Es entstehen zauberhafte Farbverläufe, die allerdings nicht immer zu kontrollieren sind.
Mit dieser Technik kann man bei einzelnen Blütenblättern eine Farbvielfalt und zarte Farbverläufe erreichen. Besonders gut eignet sich diese Maltechnik beispielsweise auch für Sonnenuntergänge.

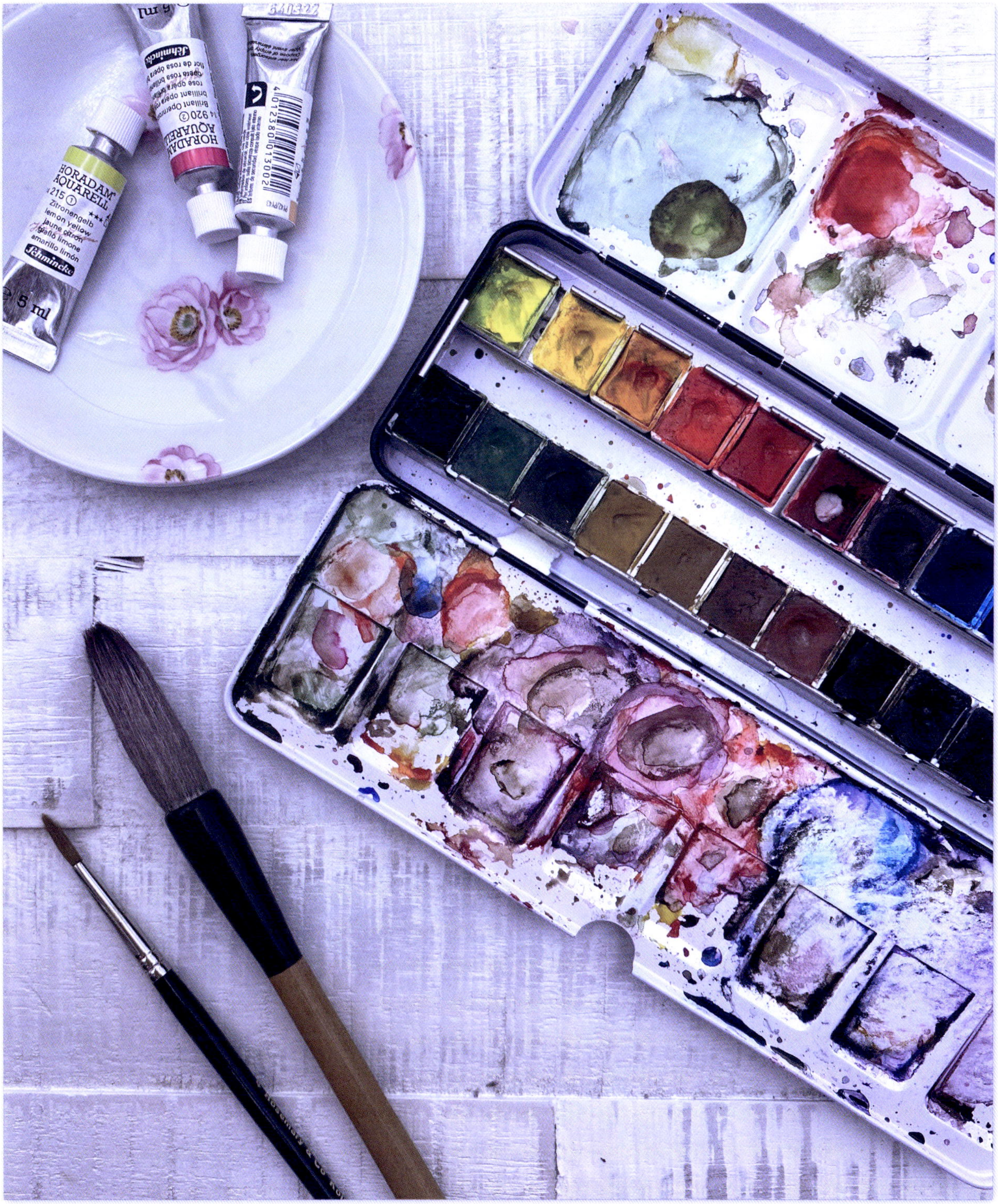
HORADAM® AQUARELL
215
Zitronengelb
lemon yellow
jaune citron
giallo limone
amarillo limón
Schmincke
5 ml

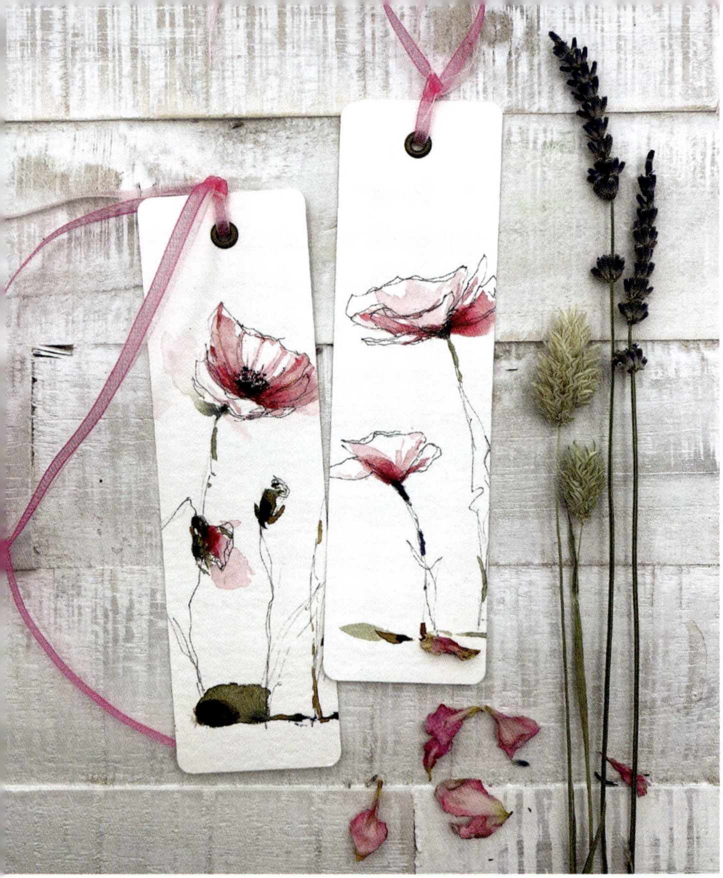
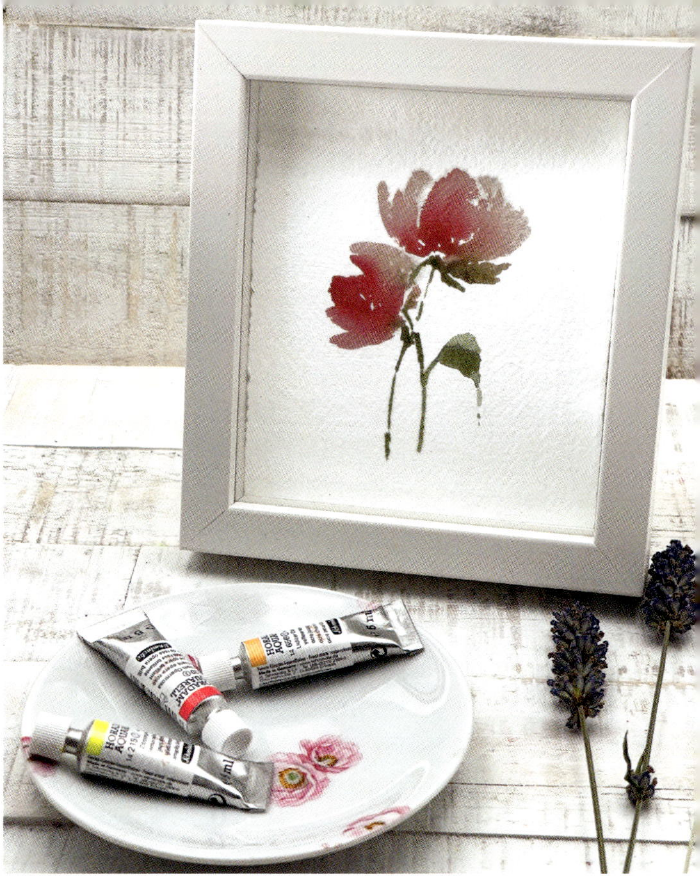
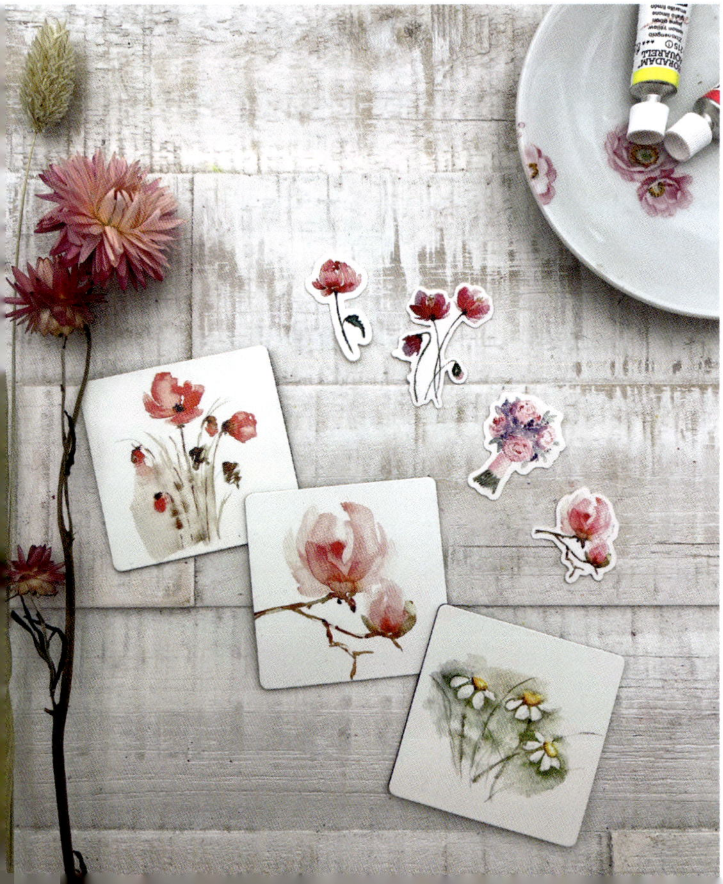
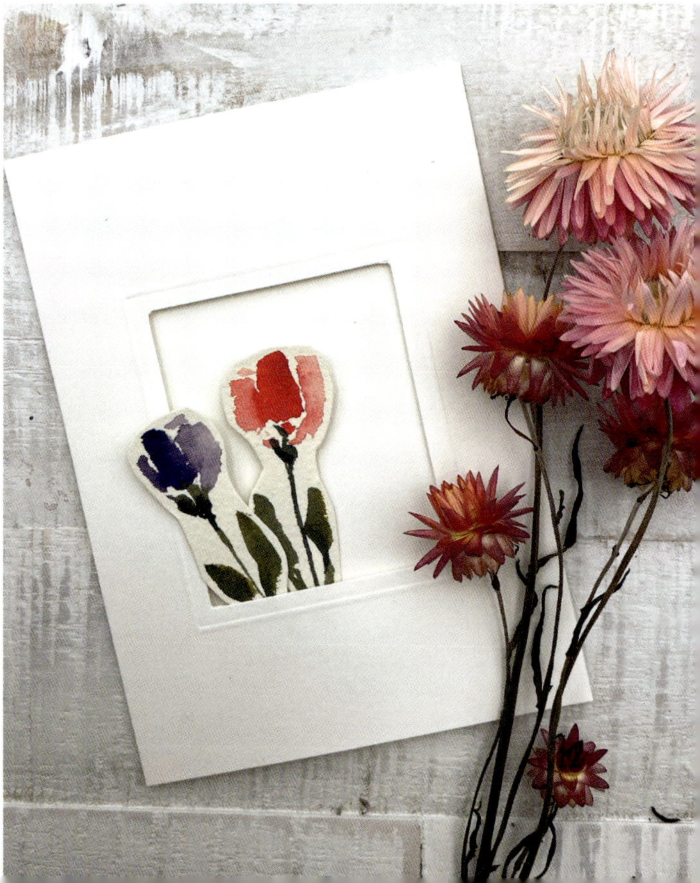

Step by Step

Jetzt geht es richtig los! Mit detaillierten Step-by-Step-Fotos zeige ich dir, wie du die einzelnen Blumen malen kannst. Die Motive kommen dann als gerahmte Bilder, auf Grußkarten, mit einem Lettering mit guten Wünschen versehen, oder als Lesezeichen, Magnete oder Geschenkanhänger sicher perfekt zur Geltung.

Anemone

Material

Aquarellpapier

Aquarellfarben in

- Kobaltblau

- Paynes Blaugrau

- Delftblau

- Chinacridon Gold

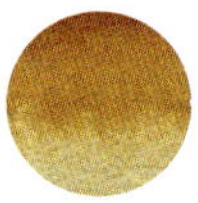

Rundpinsel, Größe 4

Anemonen, auch Windröschen genannt, gibt es in vielen verschiedenen Formen und Farben. Man unterscheidet Frühjahrs- und Herbstanemonen. Im folgenden Beispiel zeige ich, wie du mithilfe der Lasur- und Laviertechnik eine blaue Anemonenblüte in Frontalansicht malen kannst. Die Blüte ist kreisförmig angelegt und soll acht Blütenblätter erhalten. Diese werden zu jeweils vier Blättern in zwei Schritten gemalt.

1. Schritt

Male mit einer sehr zart pigmentierten blauen Farbmischung vier sich nicht berührende Blütenblätter kleeblattförmig angeordnet und lass dabei in der Mitte eine freie Stelle. Im Prinzip befeuchtest du so lediglich das Papier in Form der Blütenblätter.

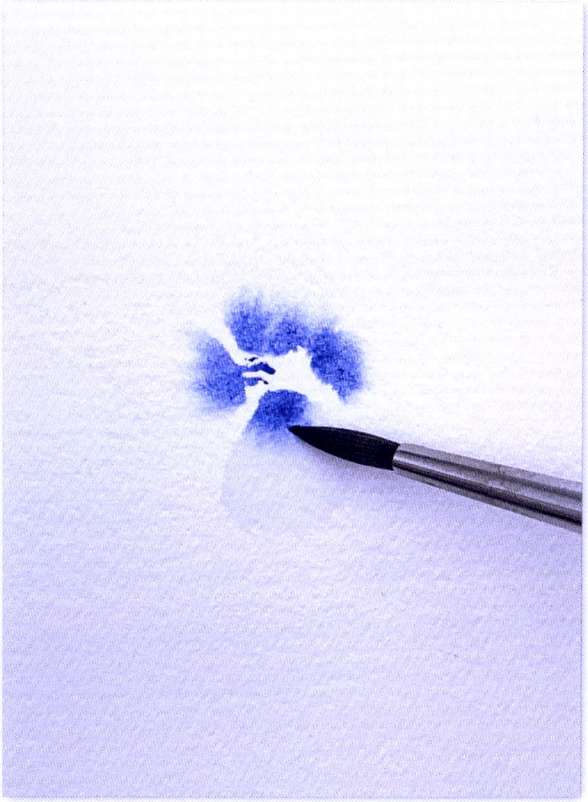

2. Schritt

Mit einer stärker pigmentierten blauen Farbmischung tupfe nun vorsichtig in die Spitzen der Blütenblätter, sodass sich die Pigmente langsam in den Blütenblättern verteilen. Mit einem sauberen Pinsel kannst du diesen Vorgang noch etwas unterstützen.

3. Schritt

Mit einer stark pigmentierten und recht trockenen Farbmischung tupfe in die Mitte der Blüte einen Kranz in Grau. Auch diese Pigmente werden ein wenig in die Blütenblätter ziehen. Lass diese erste Schicht anschließend trocknen.

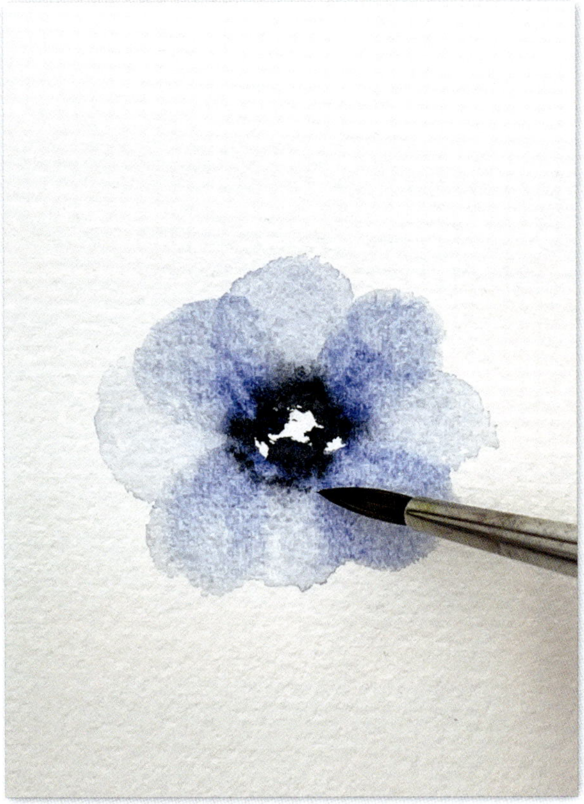

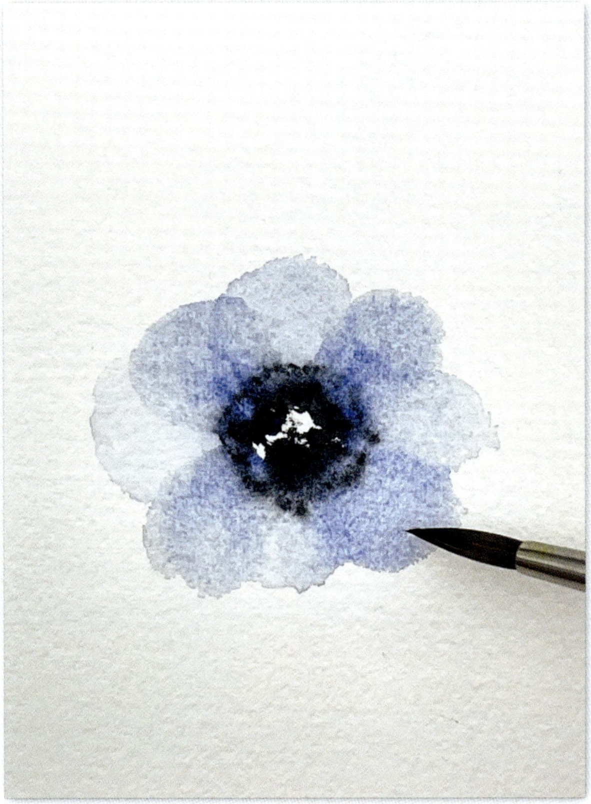

4. Schritt

Für die zweite Lage Blütenblätter verfahre wie bei den Schritten 1 bis 3 beschrieben. Durch die Lasurtechnik sind nun beide Lagen der Blütenblätter sichtbar.

5. Schritt

Um noch einen kleinen Kranz von Staubblättern anzudeuten, tupfe – etwas versetzt von der Mitte der Blüte – noch einen weiteren Kreis in Paynes Blaugrau um die Blütenmitte herum.

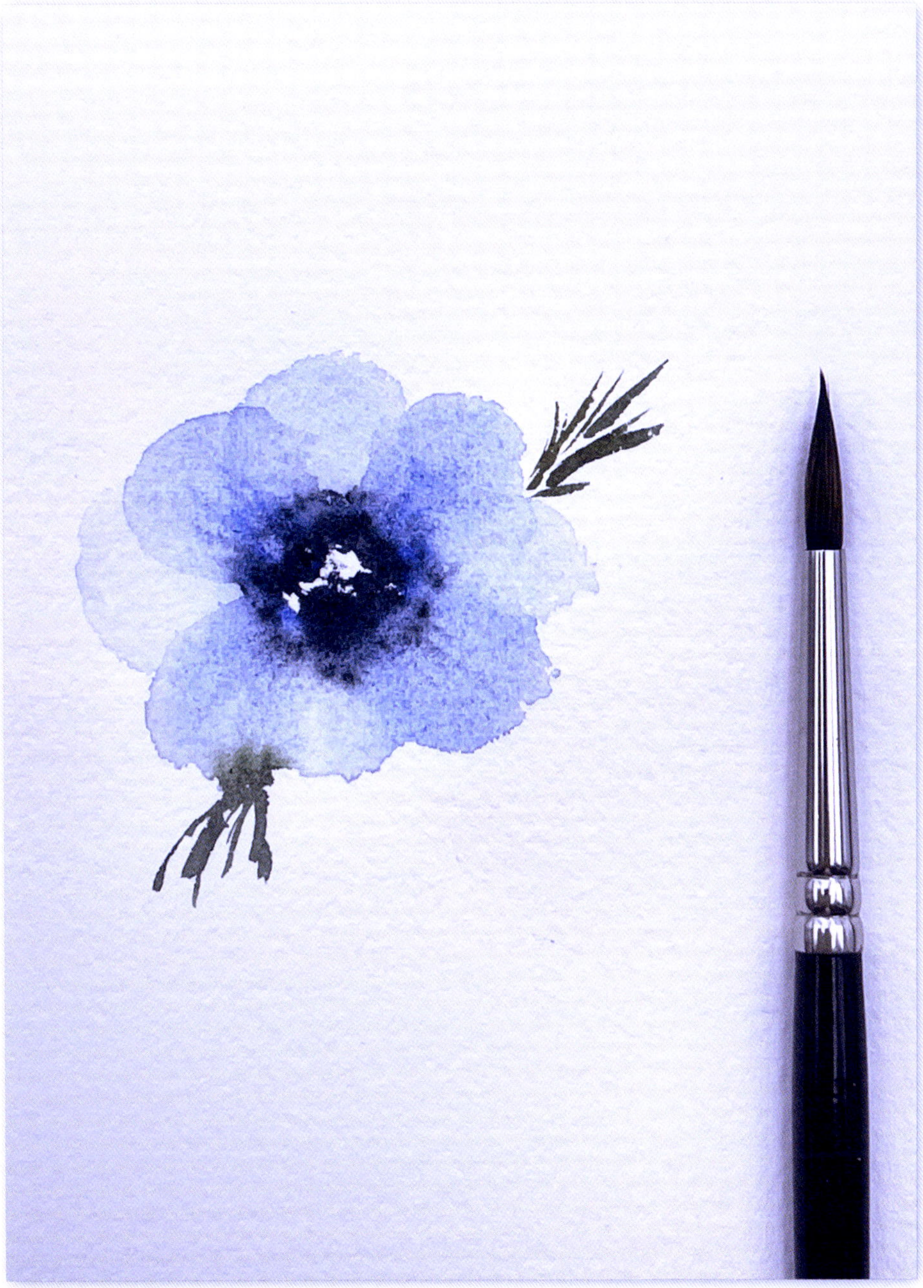

6. Schritt
Zum Abschluss ergänze mit einem aus Gelb und Blau gemischten grünen Farbton noch einige Blätter neben der Blüte.

Alpenveilchen

Material

Aquarellpapier

Aquarellfarben in

- Krapplack Rosa

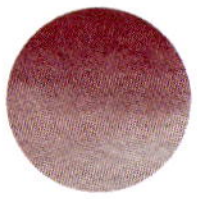

- Delftblau

- Chinacridon Gold

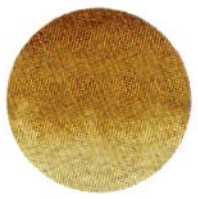

Rundpinsel, Größe 5

Die oft so farbenfrohen Blüten der Alpenveilchen erfreuen uns hauptsächlich in den Wintermonaten. Bei optimaler Pflege blühen sie sogar über viele Monate hinweg.
Die Charakteristik von Alpenveilchenblüten besteht darin, dass sie einzelne, nach oben stehende Blütenblätter besitzen, während die Knospen nach unten gebogen sind. Von der Seite betrachtet wirken die Blüten fast rechteckig. Wenn du diese Grundform aufgreifst, kannst du folgende Schritte anwenden.

1. Schritt
Male mit einer sehr wässrigen und sehr schwach pigmentierten rosa Farbmischung zuerst ein größeres, rechteckiges Blütenblatt. Danach deute mit schmalen Strichen an den Seiten noch weitere Blütenblätter an.

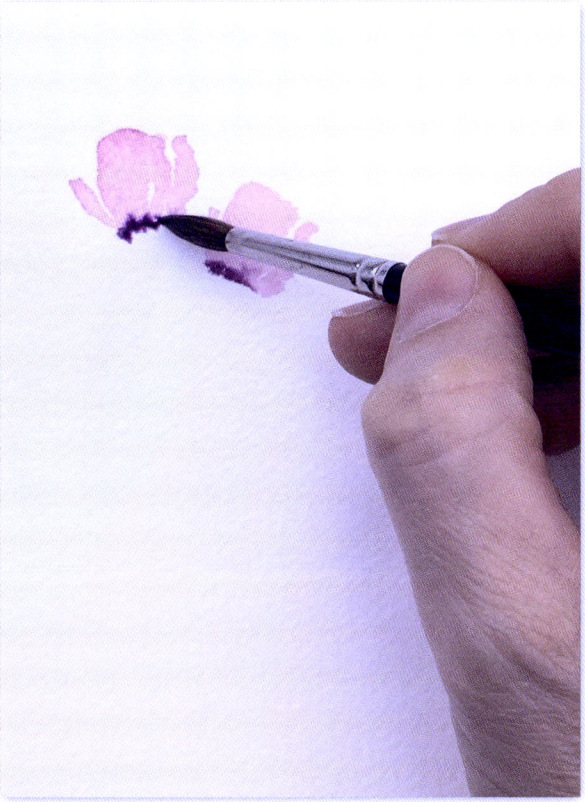

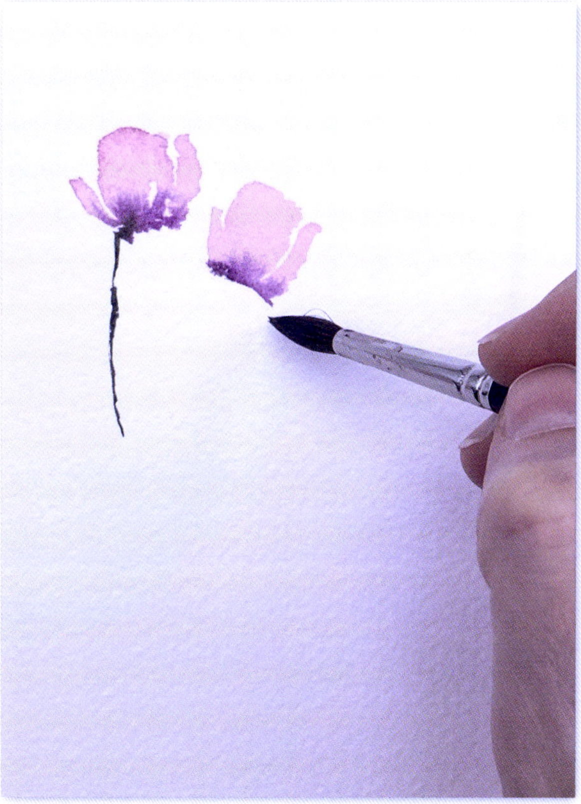

2. Schritt
Tupfe anschließend mit einer stark pigmentierten violetten Farbmischung aus Rosa und Blau in den unteren Rand der Blütenblätter. Die Pigmente werden sich nun in den noch nassen Blütenblättern verteilen.

3. Schritt
Die Stängel der Blüten befinden sich jeweils seitlich an einer Blüte. Nutze dafür eine Mischung aus Blau und Gelb und male jeweils einen senkrechten Strich an jede Blüte.

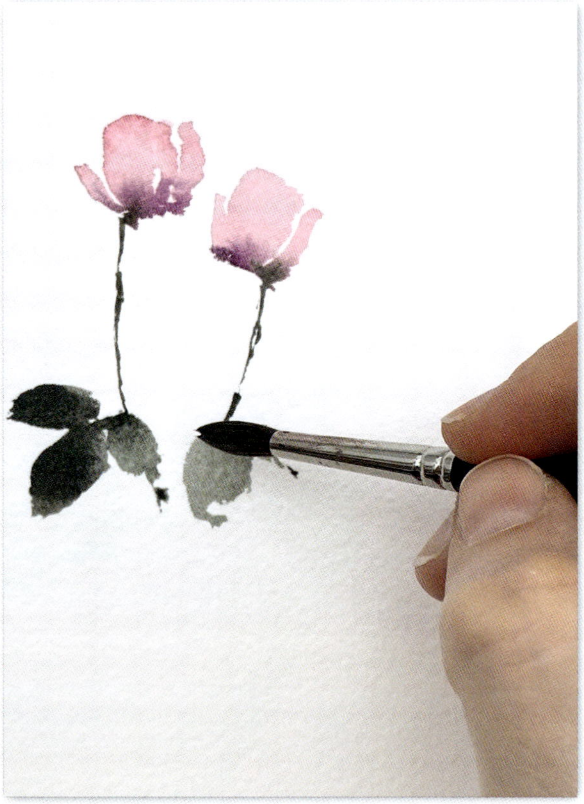

4. Schritt

Ergänze anschließend die Blätter der Alpenveilchen, die sich am unteren Teil der Stiele befinden und eine bauchige, ovale Form haben.

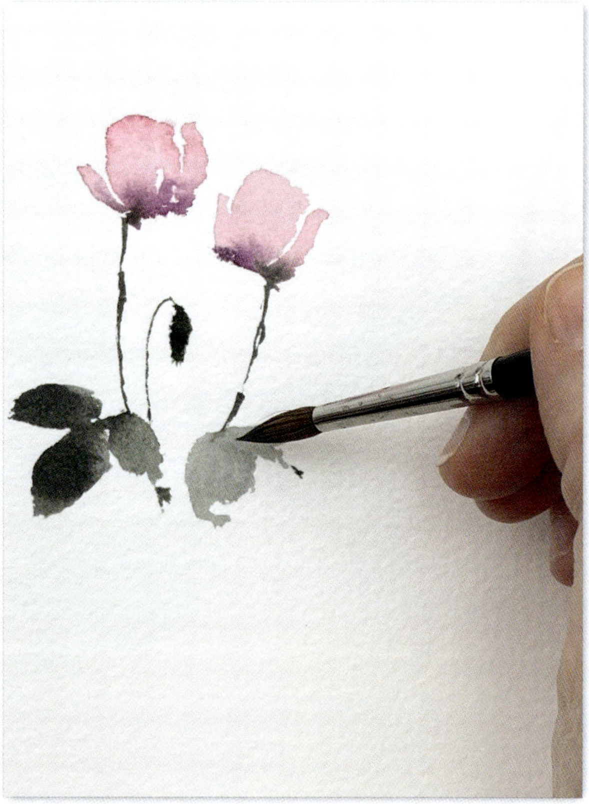

5. Schritt

Setze mit einer etwas kräftigeren grünen Farbmischung aus Blau und Gelb noch ein paar Akzente an die Ränder der Blätter und füge noch eine nach unten geneigte spindelförmige Knospe zwischen den Blüten hinzu.

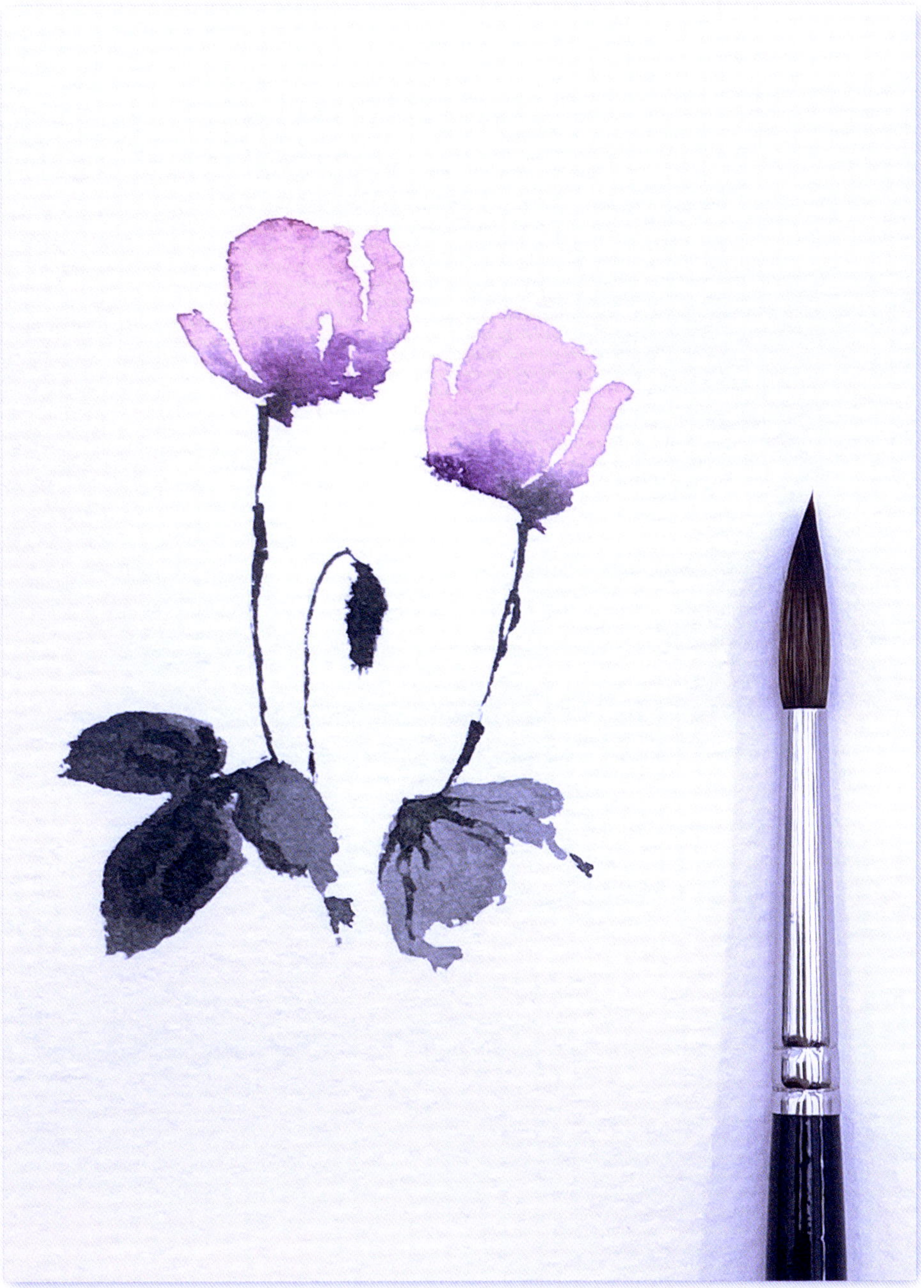

Fertiges Bild

Alpenveilchen-Grußkarte

Material

Klappkarte, 300 g/m², DIN A6, z.B. von de geerts

Klebstoff, z.B. Tombow Maxi Power Tape

Schere

Eckenstanzer, z.B. von Paperfuel

Grafitpapier

Bleistift

Fineliner oder Brush Pen

Radiergummi

TIPP

Ein Knetradiergummi eignet sich auch hervorragend dazu, Vorzeichnungen vom Aquarellpapier zu entfernen bzw. kaum noch sichtbar zu machen. Durch das Tupfen wird die Oberfläche des Aquarellpapiers nicht wie bei herkömmlichen Radiergummis aufgeraut.

Da meine Blumenbilder eher ein kleines Format haben, nutze ich sie sehr gern, um damit Post- oder Klappkarten zu gestalten. Die schnellste Variante, um eine Postkarte zu erstellen, besteht darin, das Aquarellpapier direkt im Postkartenformat zuzuschneiden, zu bemalen und die Rückseite entsprechend zu beschreiben. Für die Gestaltung von Klappkarten eignet sich diese Variante jedoch nach meinen Erfahrungen nur eingeschränkt, da sich das Aquarellpapier, je nach Gewicht, nur mäßig gut falten lässt.
Ich persönlich nutze daher separate Klappkarten und klebe das ausgeschnittene Blumenbild darauf. Dieses Vorgehen ermöglicht es zum einen, das Aquarell in einem kleineren Format ausschneiden zu können (man spart so Aquarellpapier), zum anderen eignet sich das Papier separater Post- und Klappkarten von der Struktur her auch besser, um darauf zu schreiben.
Für die Gestaltung einer Klappkarte schneide dein Aquarellbild anhand der Maße der Karte aus und runde die Ecken bei Bedarf mit einem Eckenstanzer ab. Anschließend klebst du dein Aquarell auf die Klappkarte.
Um einen der Schriftzüge (Vorlage Seite 52) zu übertragen, benötigst du sogenanntes Grafitpapier, einen etwas härteren, gut angespitzten Bleistift, einen Radiergummi sowie einen Fineliner oder Brush Pen.
Lege das Grafitpapier zwischen deine Karte und die Vorlage des Schriftzuges. Mit dem Bleistift schreibst du den Originalschriftzug nach. Gleichzeitig wird er durch das Grafitpapier auf deine Karte übertragen. Anschließend nutzt du den Fineliner oder Brush Pen, um die übertragenen Grafitlinien auf deiner Karte nachzuziehen.
Sollten danach noch ein paar Grafitspuren sichtbar sein, kannst du diese, nachdem der Fineliner bzw. Brush Pen getrocknet ist, vorsichtig mit einem Radiergummi entfernen. Am besten eignet sich dazu ein Knetradiergummi, da dieser nicht über das Papier reibt, sondern das restliche Grafit durch mehrfaches Drücken des Knetgummis auf das Papier aufgenommen wird.

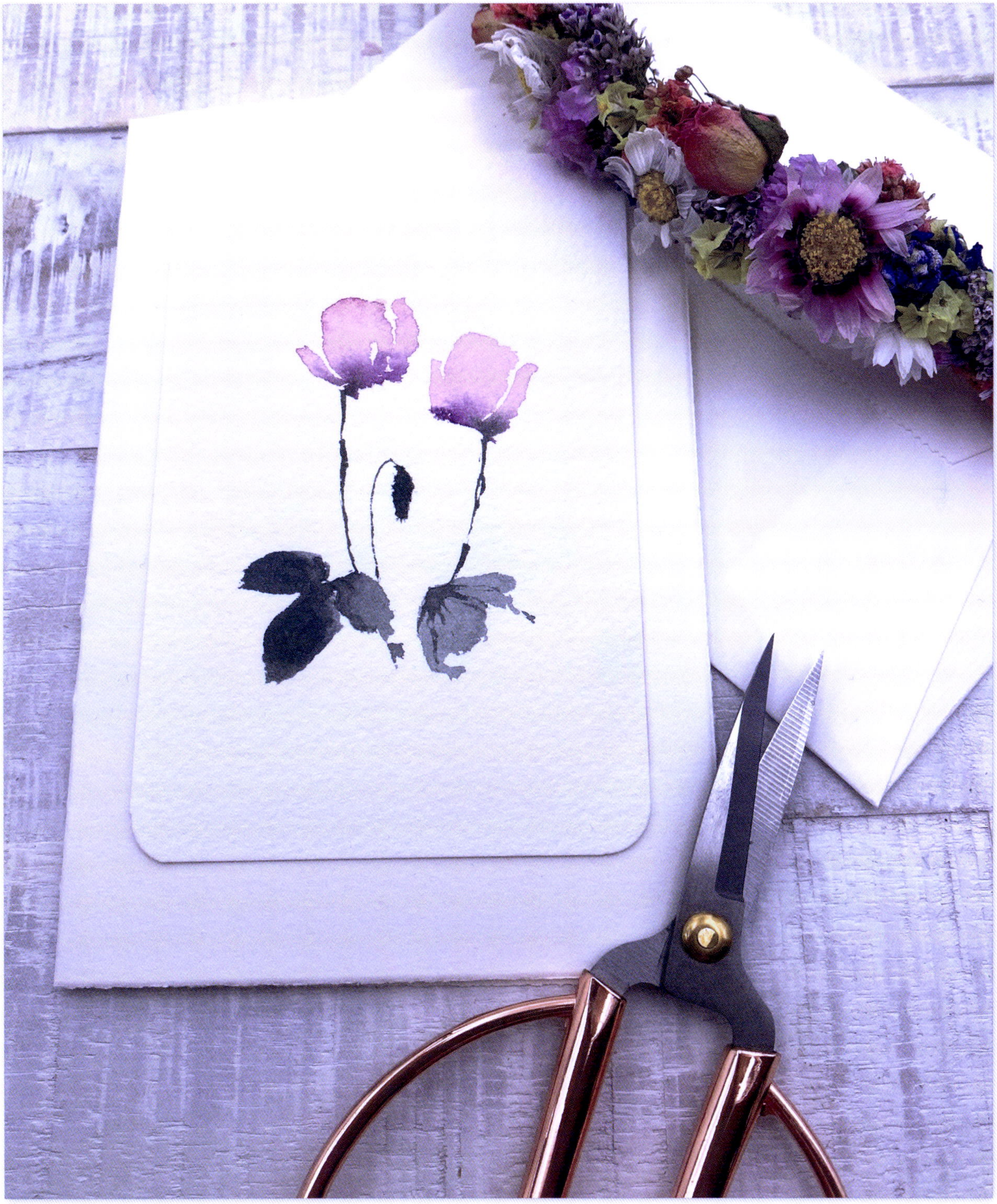

Lavendelblüten

Material

Aquarellpapier

Aquarellfarben in
- Delftblau

- Rubinrot/Pink

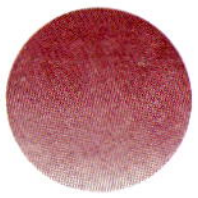

- Kobaltblau

- Paynes Blaugrau

Rundpinsel, Größe 4

Wer kennt nicht die beeindruckenden Bilder der weitläufigen Lavendelfelder in der Provence. Einfach zum Träumen schön! Seit jeher wurden die Lavendelblüten zur Herstellung verschiedenster Produkte eingesetzt. So nutzten beispielsweise bereits die Römer die Blüten zur Erstellung von Bade-Essenzen.
Lavendelblüten besitzen einzelne, teilweise in kleinen Gruppen angeordnete Knospen. Diese lassen sich ganz einfach im „Loose-Watercolor-Stil" auf das Papier zaubern.

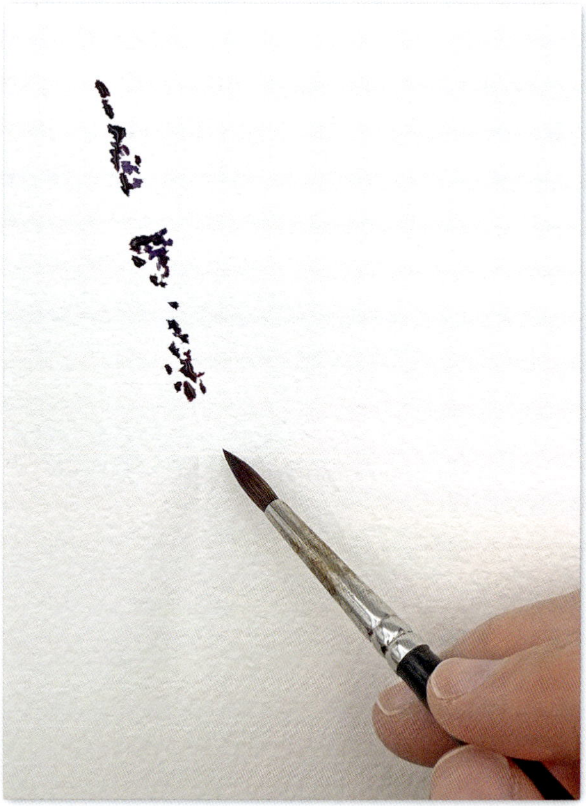

1. Schritt
Tupfe als Erstes mit einer kräftigen violetten Farbmischung aus Pink und Blau, einer senkrechten Linie folgend, kleine „Blütenpunkte" in Grüppchen auf das Papier.

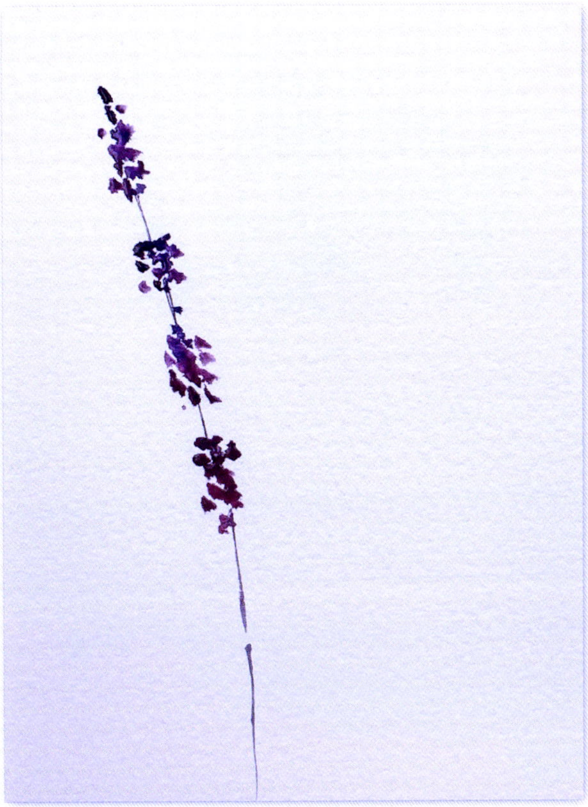

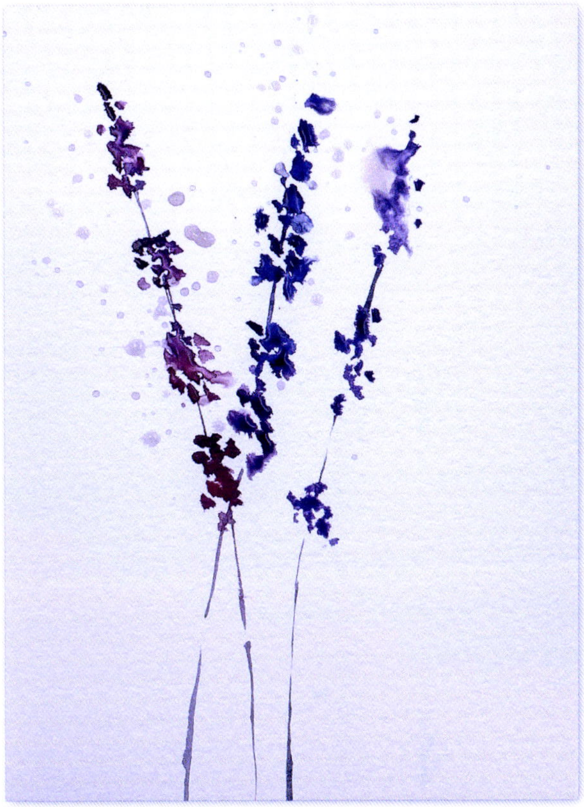

2. Schritt

In der Mitte dieser Blütengruppen ergänze den schmalen Lavendelstiel mit einer Farbmischung aus Grau und Kobaltblau.

3. Schritt

Füge weitere Lavendelblüten, wie bei den Schritten 1 und 2 beschrieben, mit jeweils unterschiedlich pigmentierten violetten Farbmischungen aus Blau und Pink hinzu.
Sprenkele mit einem sauberen Pinsel und sauberem Wasser ein paar Wasserspritzer auf das Papier. Diese werden sich teilweise mit den Blütentupfen verbinden und zu lockeren Schattierungen führen.

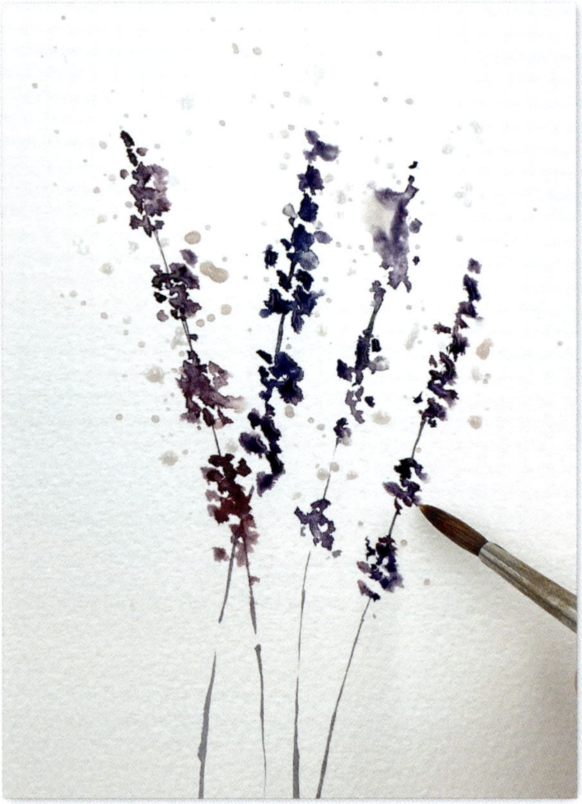

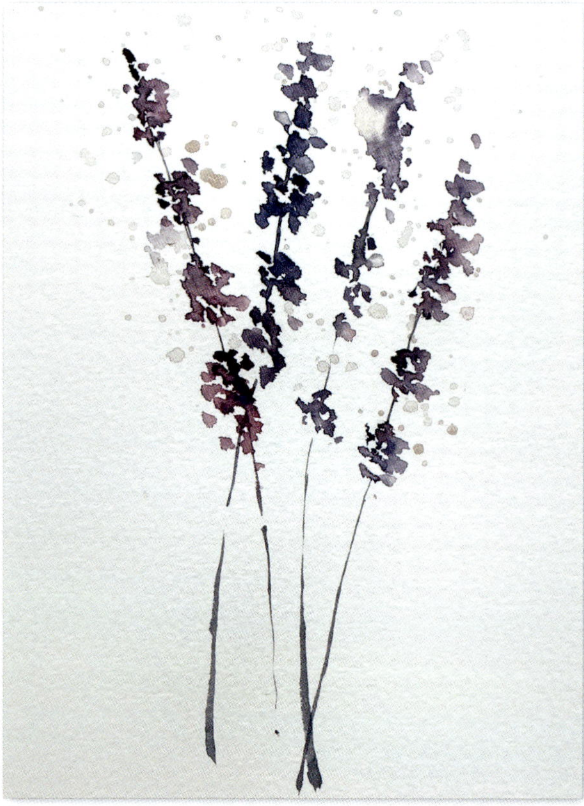

4. Schritt
Ergänze weitere Lavendelblüten in Blau und Pink und verbinde gegebenenfalls noch ein paar der Blütentupfen mit den Wassersprenkeln, um den Aquarelleffekt der verlaufenden Farben zu unterstützen.

5. Schritt
So entsteht ein kleiner hübscher und locker schattierter Lavendelstrauß in Lila und Blau.

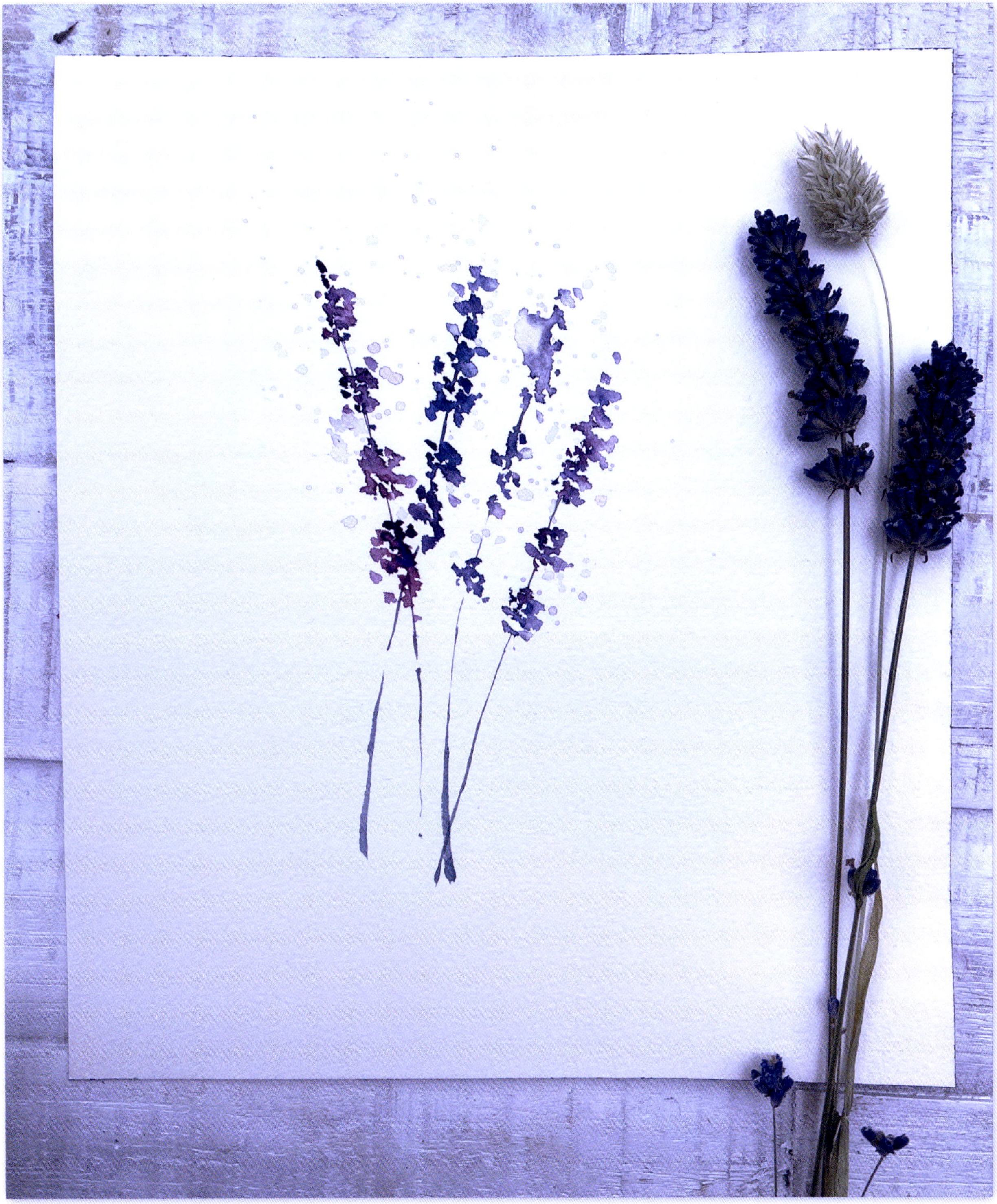

Rose

Material

Aquarellpapier

Aquarellfarben in
- Rubinrot/Pink

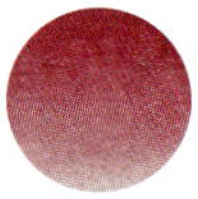

- Chinacridon Gold

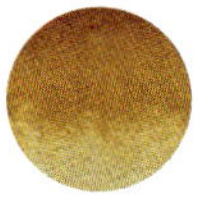

- Delftblau

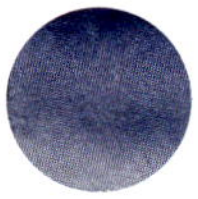

Verwaschpinsel, Größe 0

Bereits im Altertum wurden Rosengewächse kultiviert, und noch heute steht die Rose nicht nur in Kunst und Kultur als Sinnbild für die Liebe und das Schöne.
Der Grundaufbau einer (halb) aufgeblühten Rosenblüte besteht aus einem kompakten inneren Teil, in dem die einzelnen Blütenblätter dicht zusammenliegen, und einem nach außen hin stets lockerer werdenden Bereich. Dort liegen die einzelnen Blütenblätter weiter voneinander entfernt und wirken wie aufgefächert.

1. Schritt
Bei einer leicht seitlich angelegten Blüte beginne mit den inneren und kompakten Blütenblättern mit einer kräftigen Farbmischung in Pink und male zwei kleine, ineinander liegende Klammern.

2. Schritt
Seitlich darunter schließen sich zwei ebenfalls stark pigmentierte Blütenblätter jeweils in Form eines Ovals an. Achte auf kleine Zwischenräume zwischen den einzelnen Blütenblättern. Der innere, kompakte Teil der Blüte ist damit fertiggestellt.

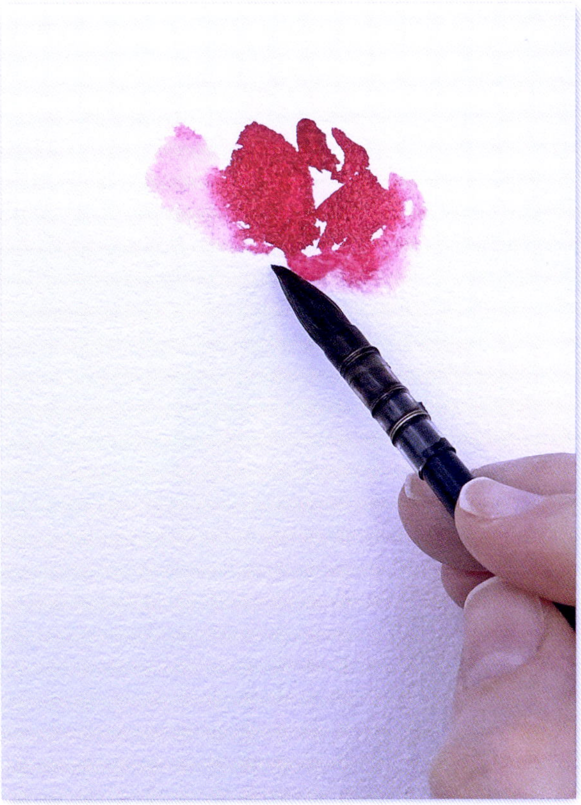

3. Schritt
Mit einer schwach pigmentierten Farbmischung und einem relativ nassen Pinsel werden nun im nächsten Schritt die äußeren, locker sitzenden Blütenblätter ergänzt. Setze diese seitlich unterhalb der Blütenmitte an und achte darauf, dass sie die stark pigmentierte Blütenmitte berühren.

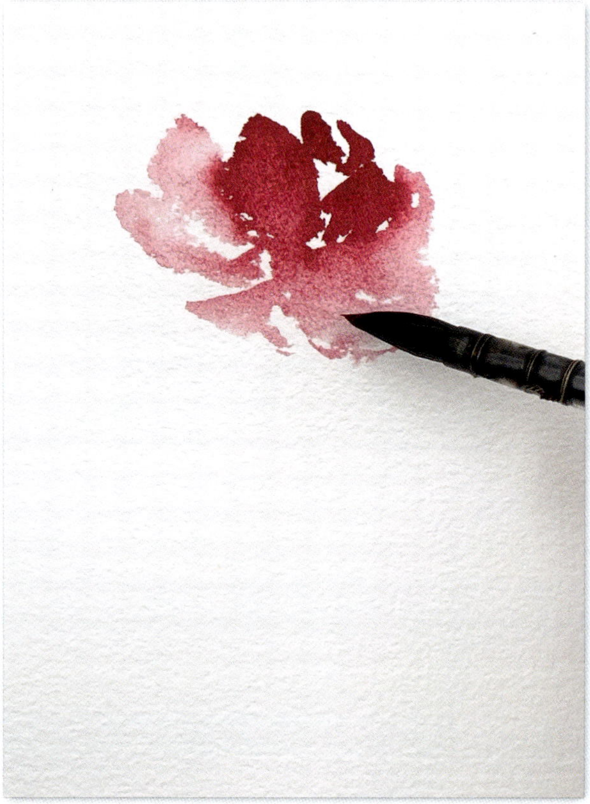

4. Schritt

Durch die Nass-in-Nass-Technik wird ein Verlauf aus dem stark pigmentierten inneren Teil in die äußeren Blütenblätter erzielt. Ergänze rechts und links ein weiteres Blütenblatt. Mit etwas Abstand zwischen den Blütenblättern kannst du den Eindruck verstärken, dass es sich um einzelne Blätter handelt.

5. Schritt

Ergänze noch ein weiteres äußeres Blütenblatt in der Mitte, sodass die Blüte fast kreisförmig erscheint, und tupfe anschließend mit einem relativ trockenen Pinsel etwas stärker pigmentierte Farbe in die Ränder der äußeren Blütenblätter. Damit erzeugst du zusätzlich mehr Tiefe.

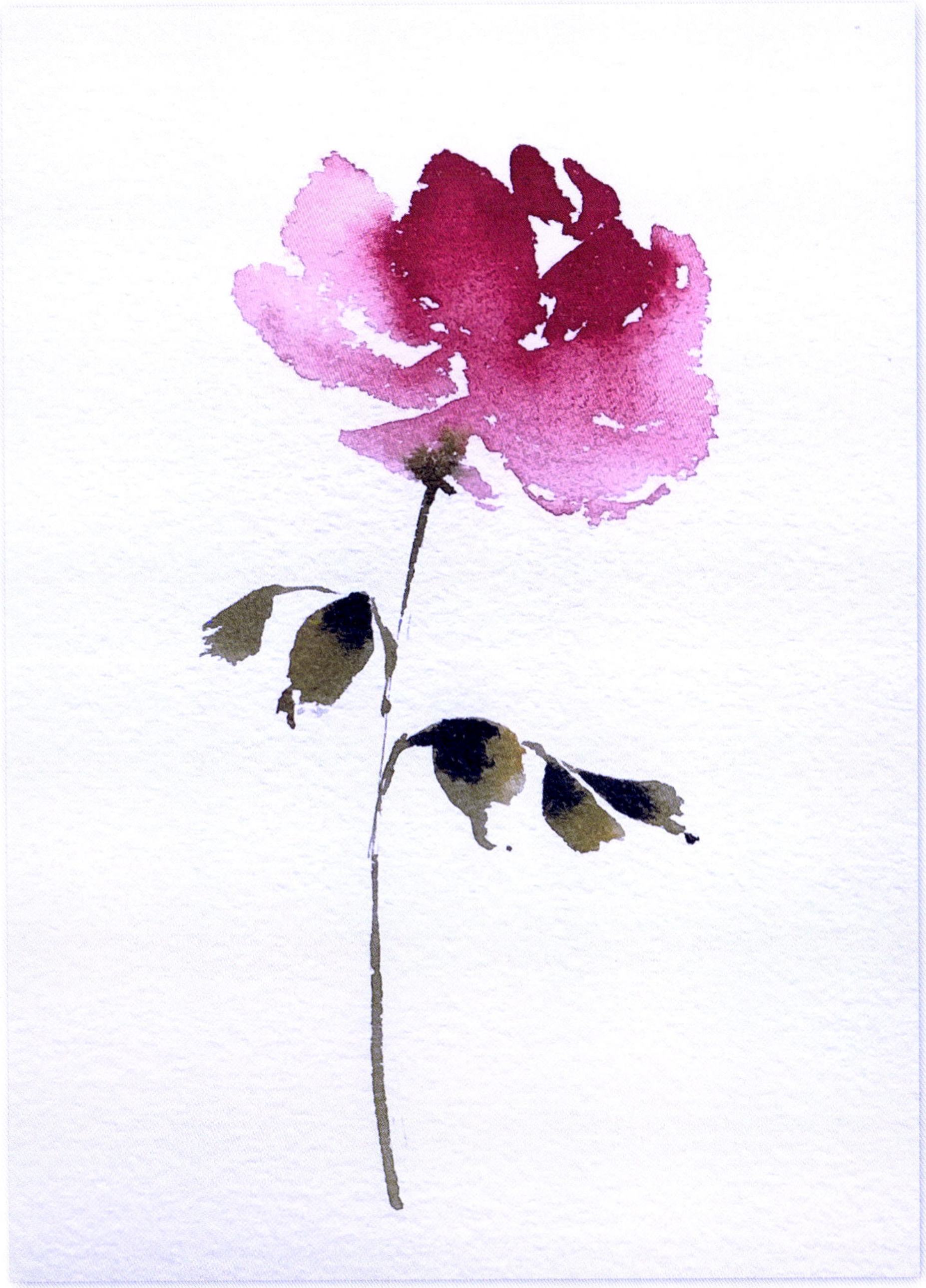

6. Schritt
Zum Schluss wird mit einer grünen Farbmischung aus Blau und Gelb noch der Stiel und einige Blätter an der Rosenblüte ergänzt.

Rosen-Grußkarte

Material

Passepartoutkarte
DIN A6,
z.B. von Rössler Papier

Klebstoff, z.B. Tombow
Maxi Power Tape

Schere

Eine weitere Möglichkeit für die Verwendung deiner Aquarelle bieten sogenannte Passepartoutkarten. Darin wirken deine zauberhaften Blumenbilder wie kleine gerahmte Kunstwerke. Die Passepartoutkarten bieten dir sogar verschiedene Alternativen, um deine Kunstwerke in Szene zu setzen.
Für die erste Variante schneide dein Aquarellbild so zu, dass es vollflächig vom Passepartoutrahmen bedeckt wird und klebe es ein. So erhältst du eine Karte, die wie ein klassisch gerahmtes Bild wirkt.

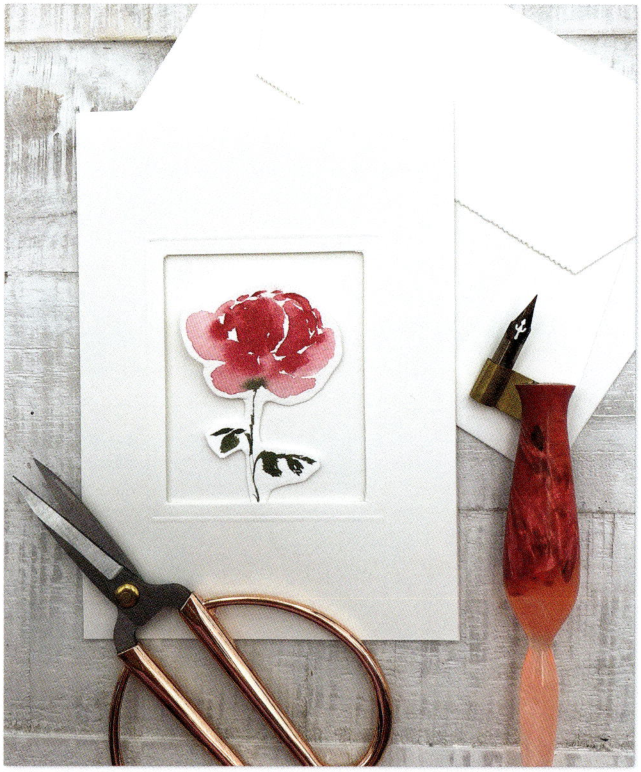

Für die zweite Variante schneidest du deine Aquarellblume mit einer schmalen Umrandung entlang der Blumenkontur aus und klebst nur die einzelne Blume in den Passepartoutrahmen. Wenn du magst, kannst du noch den Hintergrund separat farbig gestalten.

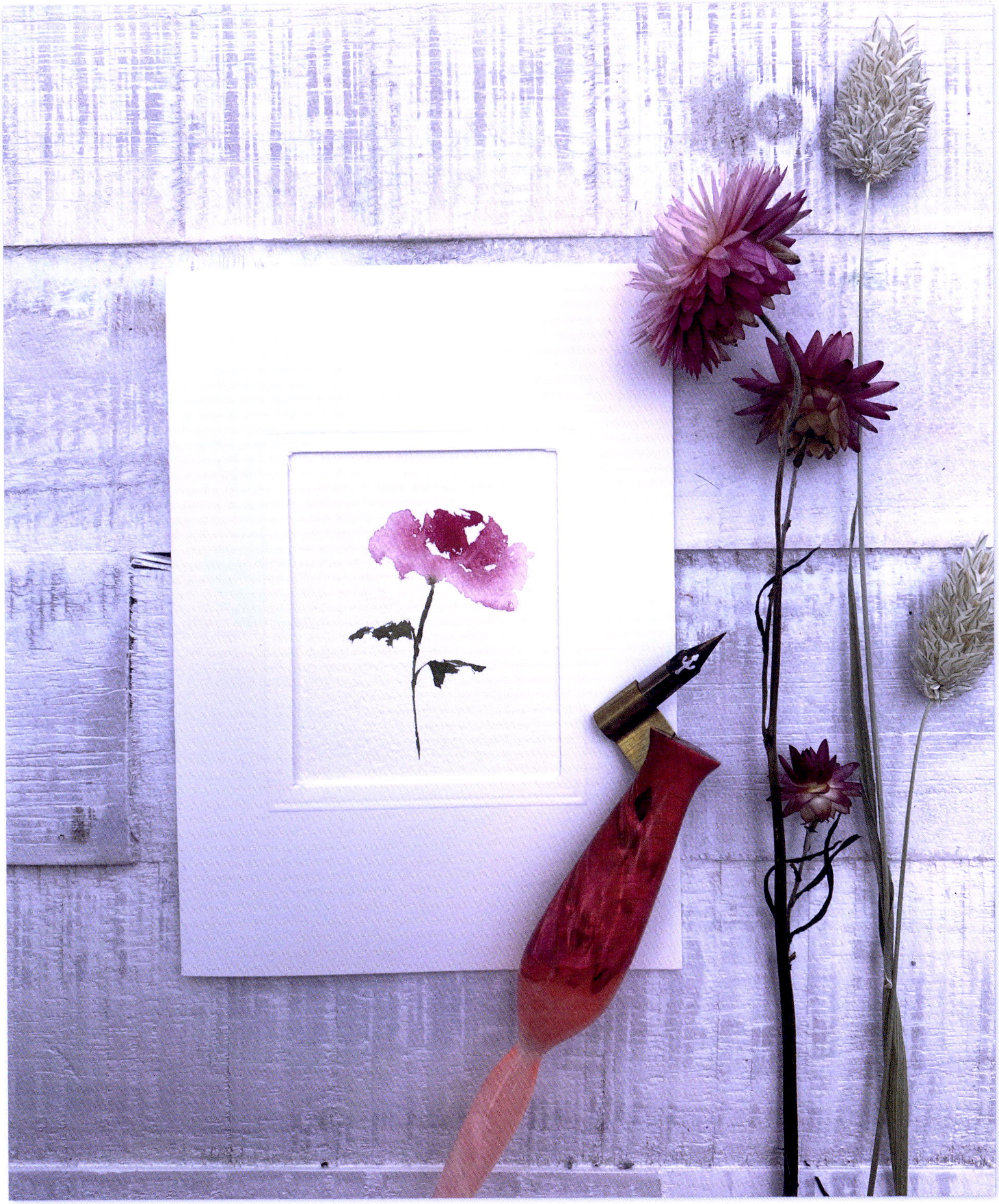

Fuchsienblüten

Material

Aquarellpapier

Aquarellfarben in
- Rubinrot/Pink

- Delftblau

- Chinacridon Gold

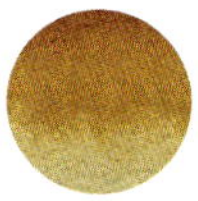

- Paynes Blaugrau

Rundpinsel, Größe 4

Fuchsienblüten erinnern mich immer an meine Kindheit. In unserem Garten standen ein paar Fuchsienbüsche und ich war fasziniert von diesen zauberhaften kleinen hängenden Blüten.
Nur ein paar Pinselstriche sind notwendig, um diese kleinen „Glöckchen“ auf das Aquarellpapier zu zaubern, die dann nicht selten wie kleine tanzende Ballerinas aussehen.

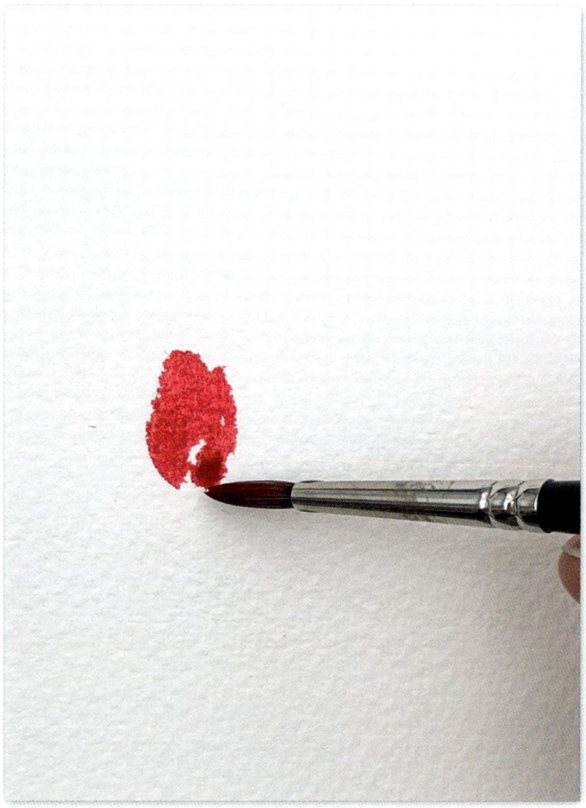

1. Schritt
Die Grundform der Blüten ist oval. Male das erste ovalförmige Blütenblatt der Knospe mit einer stark pigmentierten Farbmischung in Pink.

2. Schritt
Ergänze das erste Blütenblatt jeweils rechts und links mit weiteren angedeuteten Blütenblättern in Form von Strichen bzw. leichten Halbkreisen. Achte auf kleine Zwischenräume zwischen den einzelnen Blütenblättern.

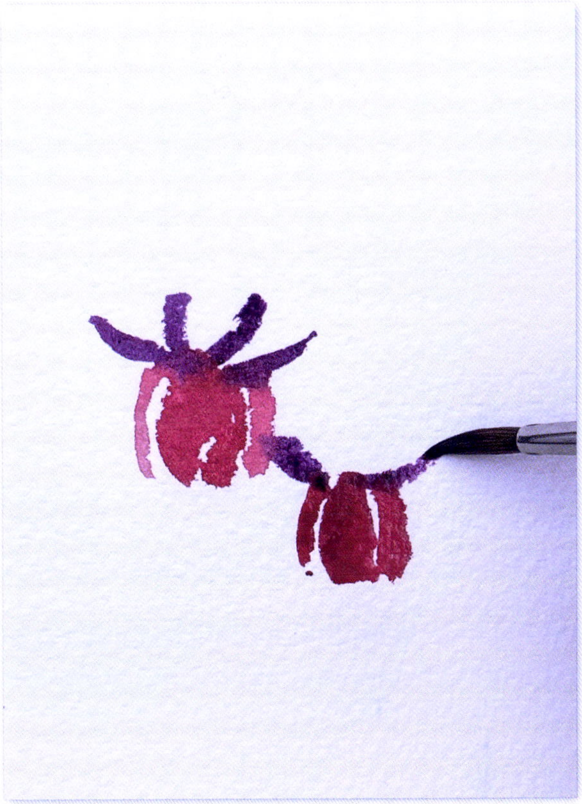

3. Schritt
Mit einer violetten Farbmischung aus Blau und Pink male anschließend die darüberliegenden Blütenblätter. Diese setzen mittig am oberen Teil der Blüte an und stehen halbkreisförmig nach oben ab.

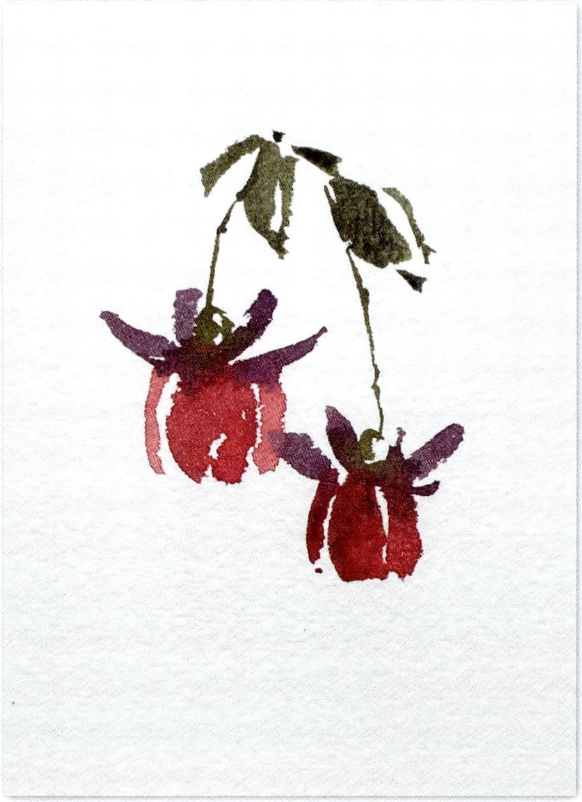

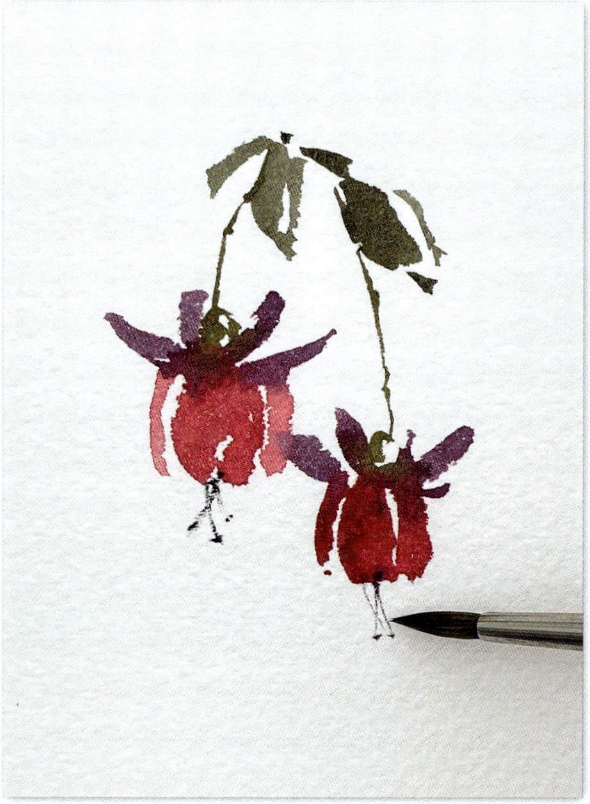

4. Schritt

Da es sich um hängende Blüten handelt, ergänze die Stiele und Blätter oberhalb der Blüten mit einer grünen Farbmischung aus Blau und Gelb.

5. Schritt

Mit einer sehr stark pigmentierten Farbmischung in Grau und einem relativ trockenen Pinsel ergänze die kleinen Stempelfäden, die aus der Blüte nach unten herausragen.

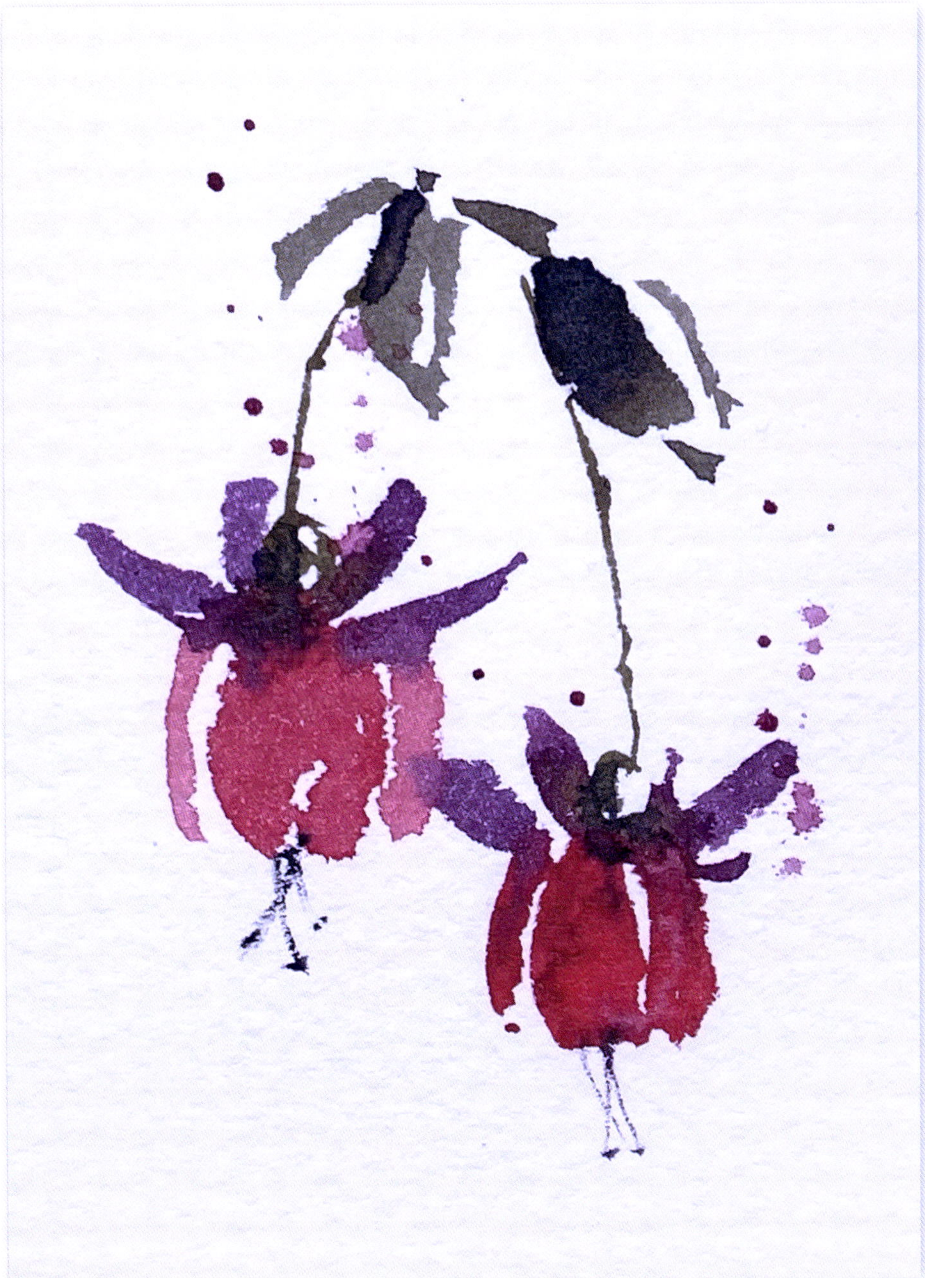

6. Schritt
Auflockern kannst du das fertige Bild, indem du mit einem Pinsel eine wässrige, zart violette Farbmischung aus Pink und Blau über die Blüten sprenkelst.

Grußkarte mit Fuchsienblüten

Material

Postkarte DIN A6, z.B. Guardi artistico aquarello Aquarell-Postkartenblock

Klebstoff, z.B. Tombow Maxi Power Tape

Schere

Eckenstanzer, z.B. von Paperfuel

Grafitpapier

Bleistift

Fineliner oder Brush Pen

Auf der Seite 26 habe ich dir bereits vorgestellt, wie ich meine Klappkarten gestalte. Das Vorgehen, die Aquarellbilder auszuschneiden und aufzukleben, lässt sich natürlich auch auf Postkarten übertragen. Jedoch muss bedacht werden, dass diese Postkarten mit aufgeklebtem Aquarell eher nicht dafür geeignet sind, ohne schützenden Umschlag verschickt zu werden. Einige Aquarellpapierhersteller bieten Aquarellpostkarten an. Solltest du ein Fachgeschäft für Mal- und Bastelbedarf in deiner Nähe haben, kann ich dir empfehlen, dort einmal zu prüfen, ob sie Aquarellpostkarten führen, die von der Papierqualität deinen Wünschen entsprechen. Ich persönlich bin mit den meisten vorgefertigten Aquarellpostkarten nur mäßig zufrieden und nutze daher die Variante der Postkarte im Umschlag. Wie bei der Klappkartengestaltung schneide dein Aquarellbild entsprechend der Maße der Postkarte aus und runde die Ecken bei Bedarf mit einem Eckenstanzer ab. Anschließend klebst du dein Aquarell auf die Postkarte.
Auch hier hast du zusätzlich die Möglichkeit, auf der Postkarte einen Schriftzug zu ergänzen. Das Vorgehen ist dabei genauso wie beim ersten Projekt der Klappkarten. Wie du den Schriftzug überträgst, kannst du auch auf Seite 26 nachlesen.

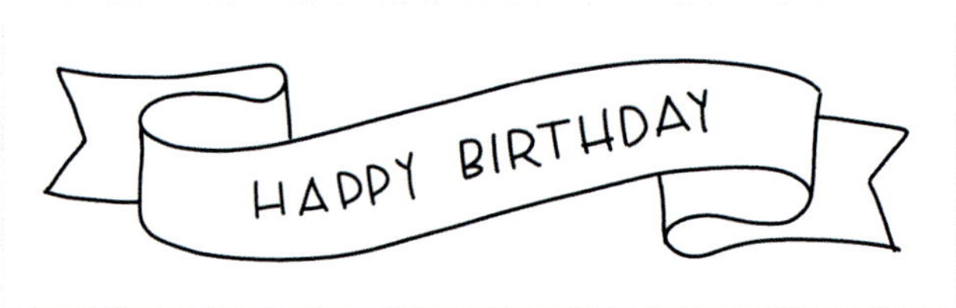

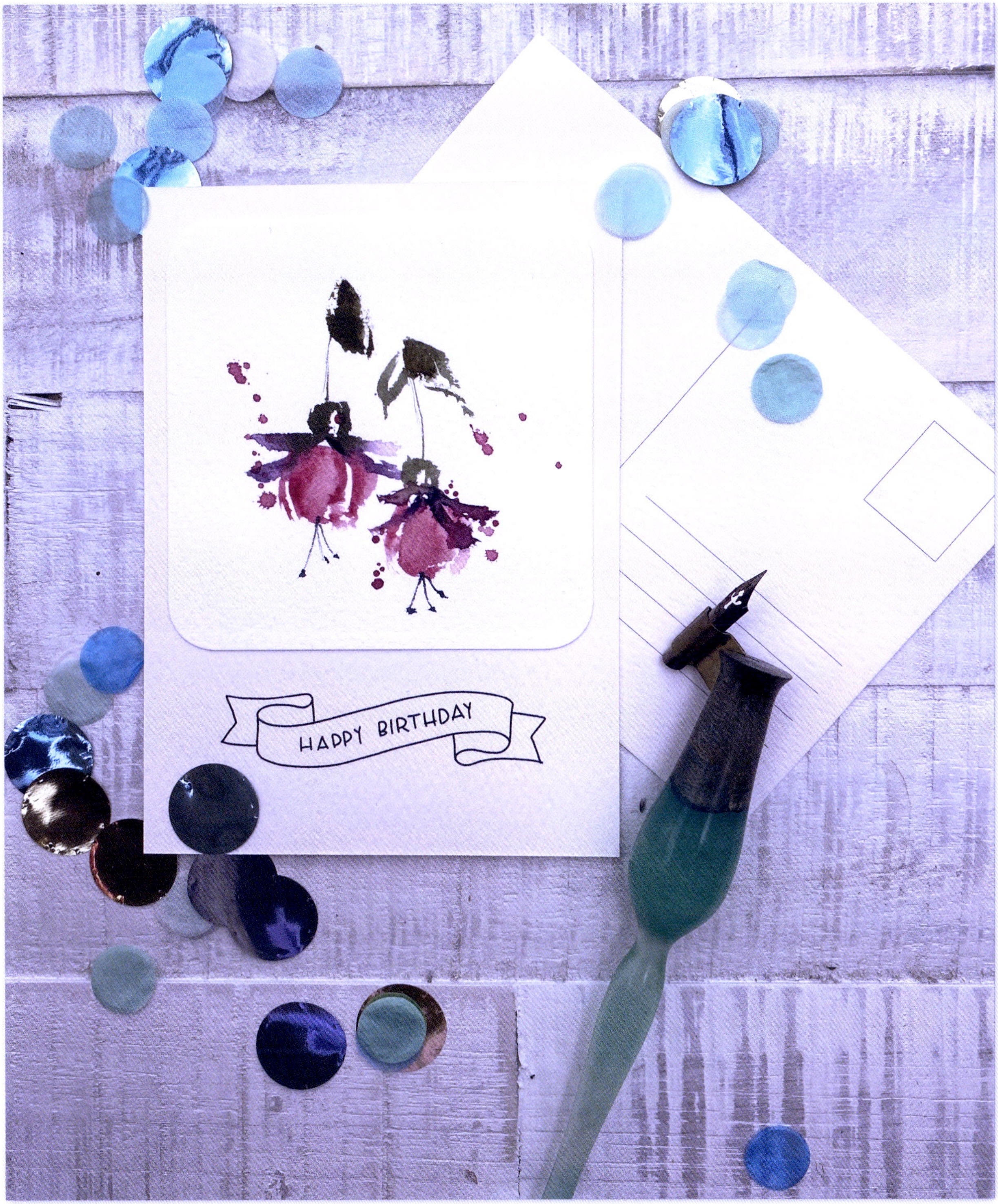
HAPPY BIRTHDAY

Purpursonnenhut

Material

Aquarellpapier

Aquarellfarben in

- Krapplack Rosa

- Rubinrot/Pink

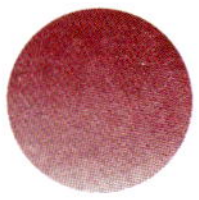

- Kobaltblau

- Chinacridon Gold

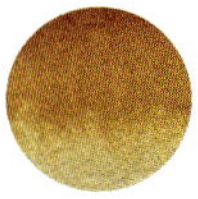

- Delftblau

Rundpinsel, Größe 4

Aquarellbleistift

Der Purpursonnenhut wird aufgrund seines „stachelig“ wirkenden Blütenkopfes auch Igelkopf genannt. Dieser markante Blütenkopf bildet den mittleren Teil der Blüte, von dem aus die einzelnen Blütenblätter rundherum abgehen.

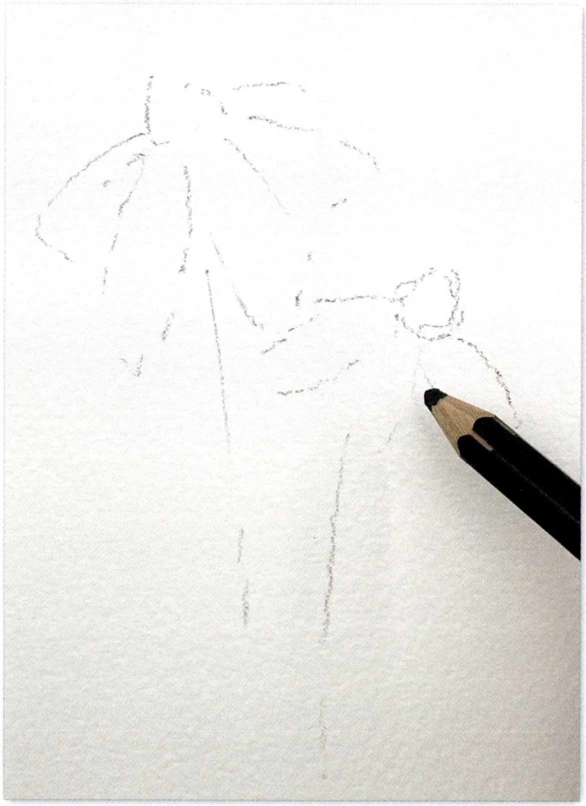

1. Schritt
Starte mit einer leichten Aquarell-Bleistiftskizze und male zwei Blüten leicht untereinander versetzt und von der Seite betrachtet. Die Blütenblätter im Vordergrund sind dabei optisch größer als die seitlichen Blütenblätter. Je weiter seitlich die Blätter liegen, desto kürzer und schmaler wirken sie.

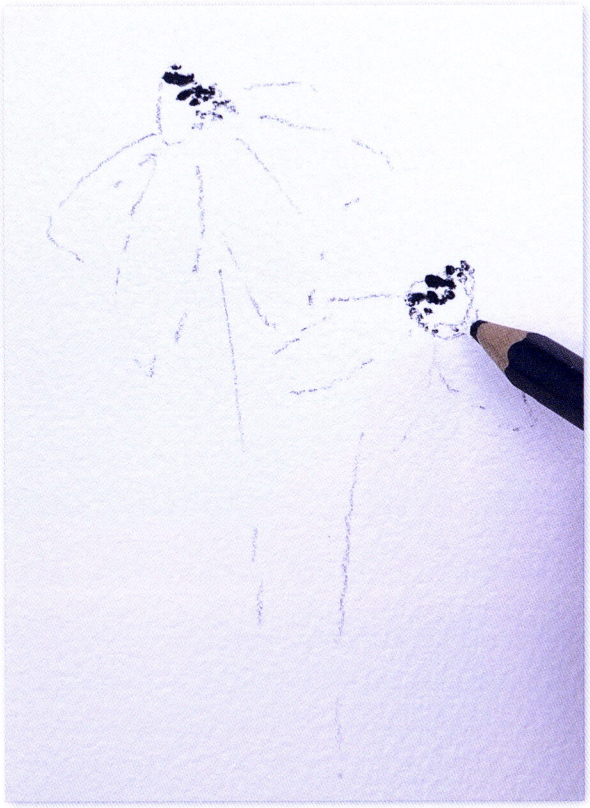

2. Schritt
Mit einer angefeuchteten Aquarellbleistiftspitze deute die einzelnen Staubblätter der Blütenköpfe an. Du erzeugst so optisch den stacheligen Effekt der Blütenköpfe.

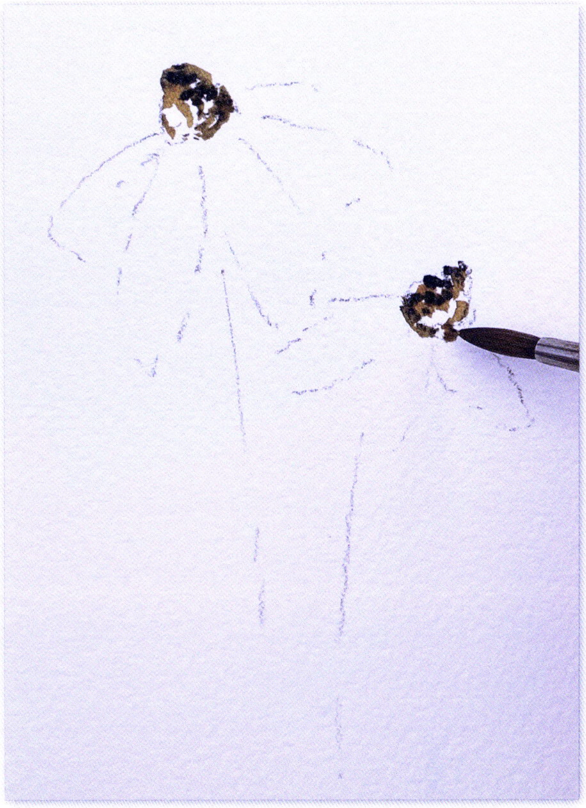

3. Schritt
Mit einer braunen Farbmischung aus Rot, Delftblau, und Gelb fülle den restlichen Blütenkopf locker aus, sodass einige Stellen ohne Farbe bleiben.

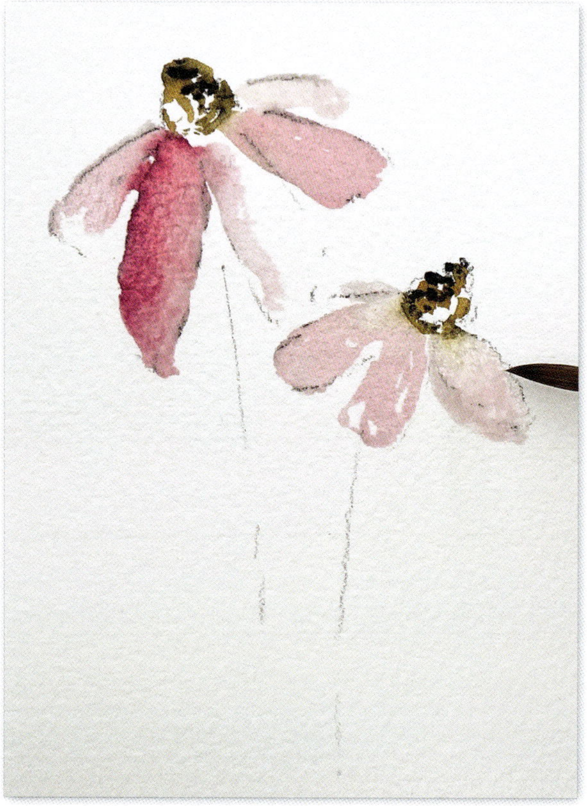

4. Schritt
Male die einzelnen Blütenblätter mit einer wässrigen und schwach pigmentierten violetten Farbmischung aus Rosa und Kobaltblau aus.

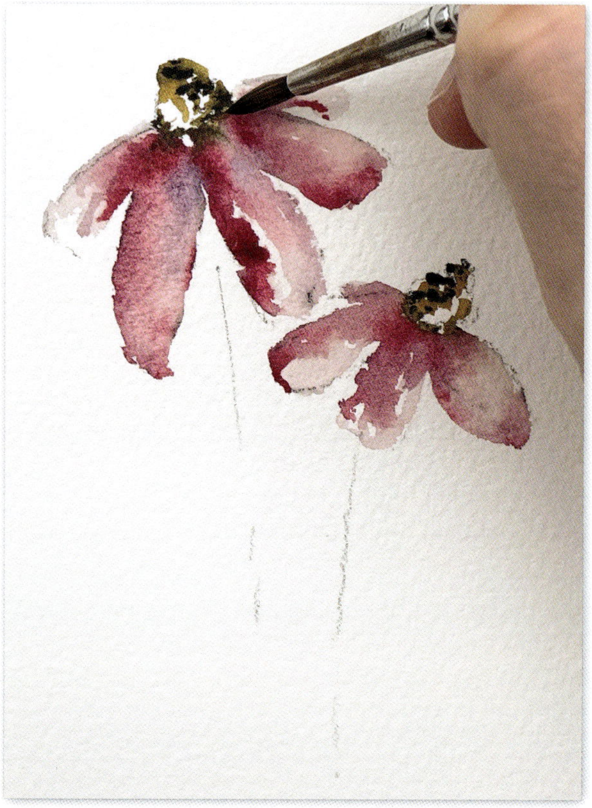

5. Schritt
Um in den Blütenblättern Lebendigkeit und Tiefe zu erhalten, tupfe anschließend mit einem relativ trockenen Pinsel eine stärker pigmentierte Farbe verschiedener violetter Nuancen an die Ränder der noch feuchten Blütenblätter (Nass-in Nass-Technik).

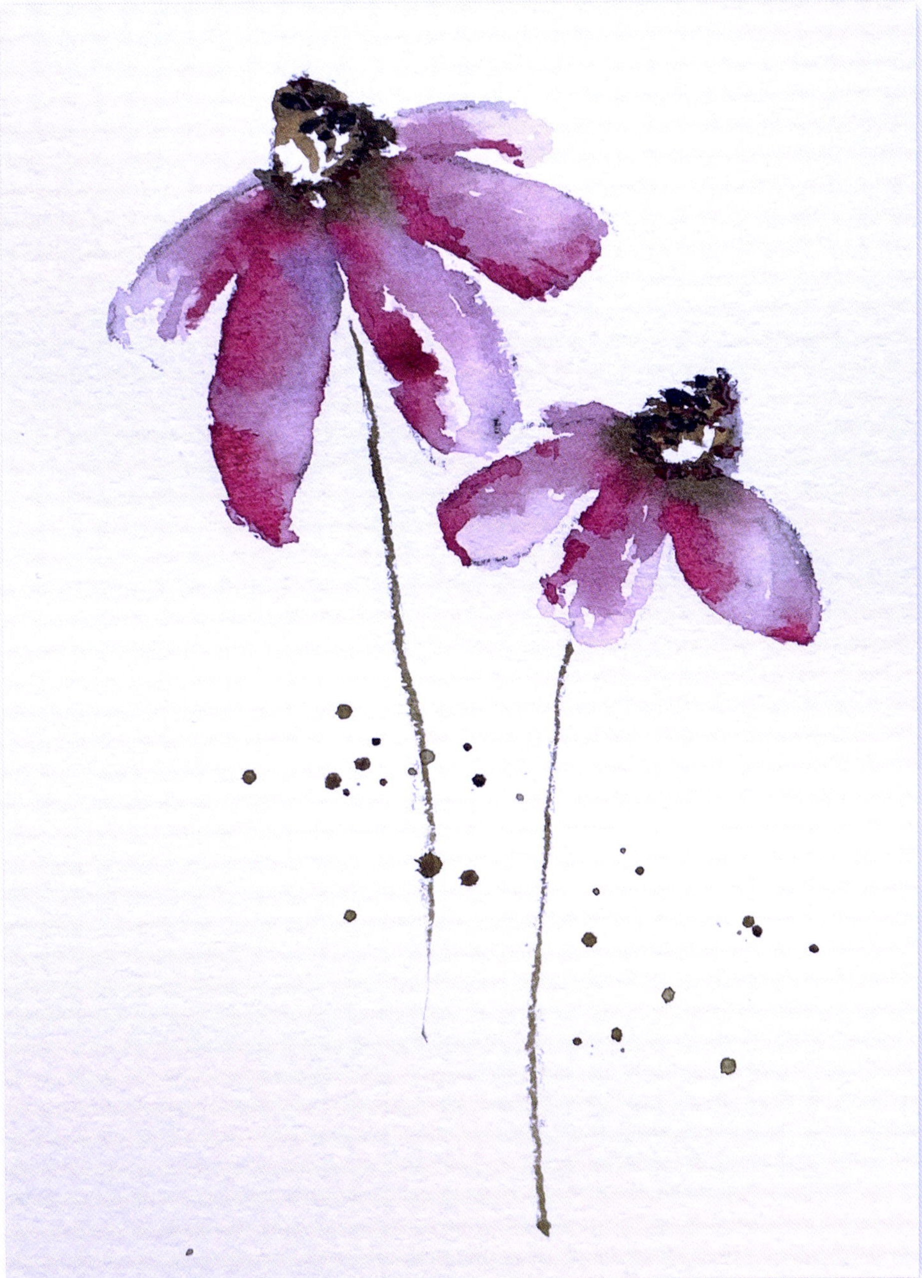

6. Schritt
Ergänze zum Schluss mit einer grün-braunen Farbmischung aus Rot, Gelb und Blau jeweils den Stiel an den Blüten. Abschließend kannst du die Farbmischung noch für einige lockere Akzente nutzen und mit dem nassen Pinsel einige Sprenkel im unteren Teil des Bildes hinzufügen.

Tulpen

Material

Aquarellpapier

Aquarellfarben in

- Alizarin Karmesin

- Chinacridon Gold

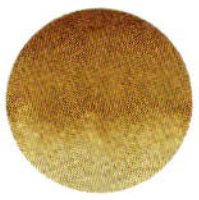

- Delftblau

Rundpinsel, Größe 4

Tulpen sind für mich seit jeher der Inbegriff des Frühlingsanfangs. Es gibt sie in unzähligen Formen und Farben. Wie schön sehen Gärten aus, die zu Beginn des Frühlings durch Tulpen in ein zauberhaftes Farbenmeer verwandelt werden?!
Aufgrund ihrer Schlichtheit sind sie auch ganz einfach mit Aquarellfarben zu malen. Die Grundform der Tulpenblüte ähnelt, von der Seite betrachtet, einem Rechteck. An dieser Grundform orientiere ich mich im folgenden Beispiel.

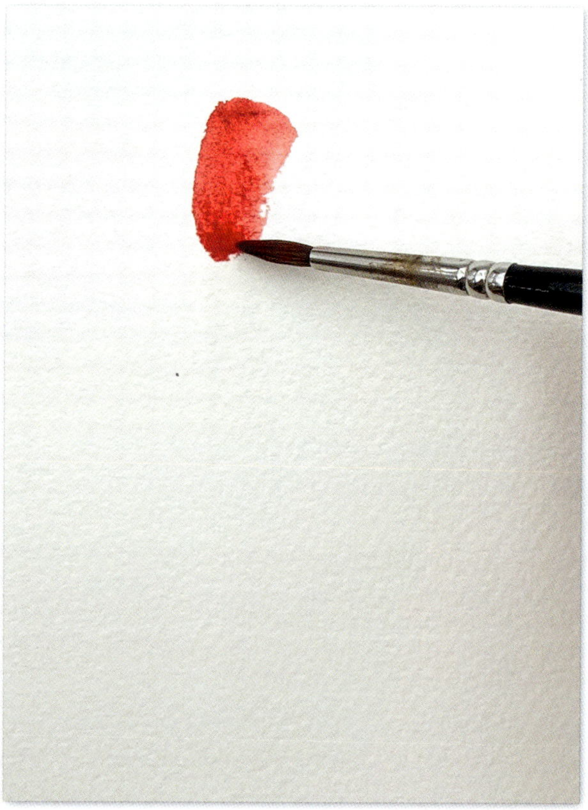

1. Schritt

Male das erste Blütenblatt in einer rechteckigen Form, indem du den Pinsel mit einer mittelstark pigmentierten roten Farbe seitlich ansetzt und flächig über das Papier ziehst.

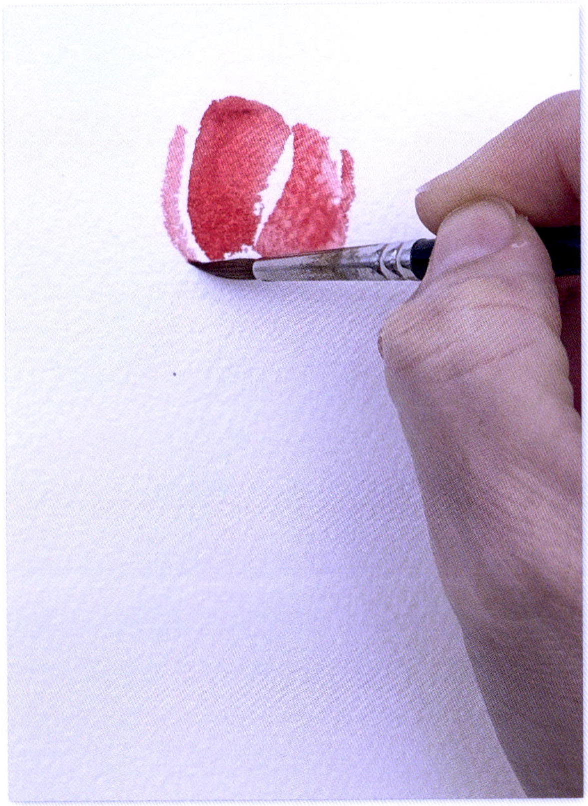

2. Schritt

Mit einer etwas schwächer pigmentierten roten Farbe setze das zweite Blütenblatt rechts neben das erste und male es etwas bauchiger. Achte darauf, zum ersten Blütenblatt einen kleinen Zwischenraum zu lassen, so entsteht der Eindruck einzelner Blütenblätter.

3. Schritt

An der linken Seite des ersten Blütenblattes deute nun mit einem Strich ein weiteres Blütenblatt an und lasse wieder einen kleinen Zwischenraum zum ersten Blütenblatt.

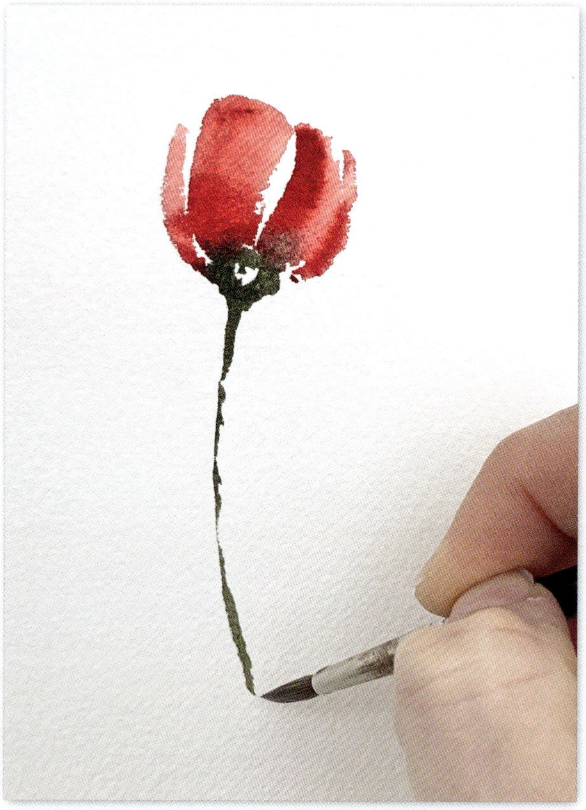

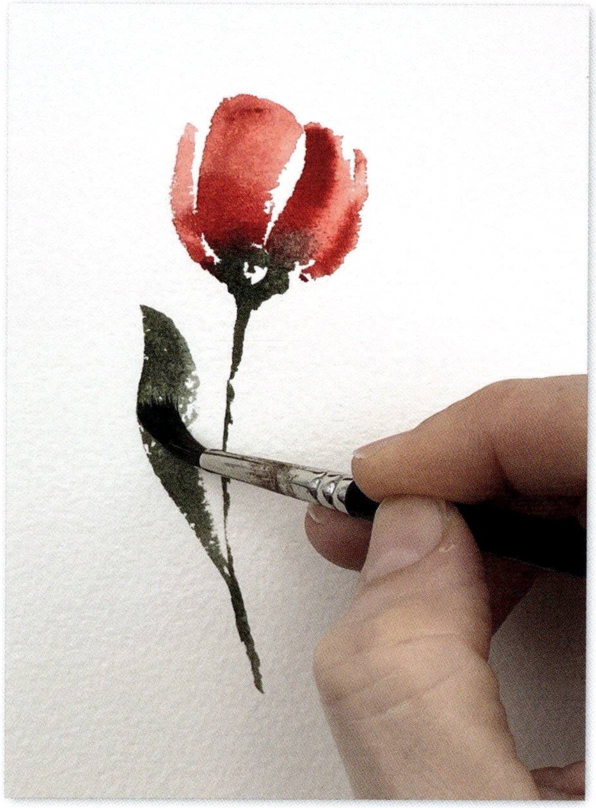

4. Schritt

Um ein bisschen Lebendigkeit in den Blütenblättern zu erzeugen, tupfe mit einer stark pigmentierten roten Farbe ein wenig Farbe an die Ränder der Blätter. Anschließend male mit einer grünen Farbmischung aus Blau und Gelb den leicht geneigten Tulpenstängel senkrecht nach unten.

5. Schritt

Die Blätter der Tulpe haben eine längliche und ein wenig in sich gedrehte Form. Diesen Effekt kannst du erreichen, indem du den Pinsel flächig mit etwas Druck und einem leichten Schwung nach unten ziehst.

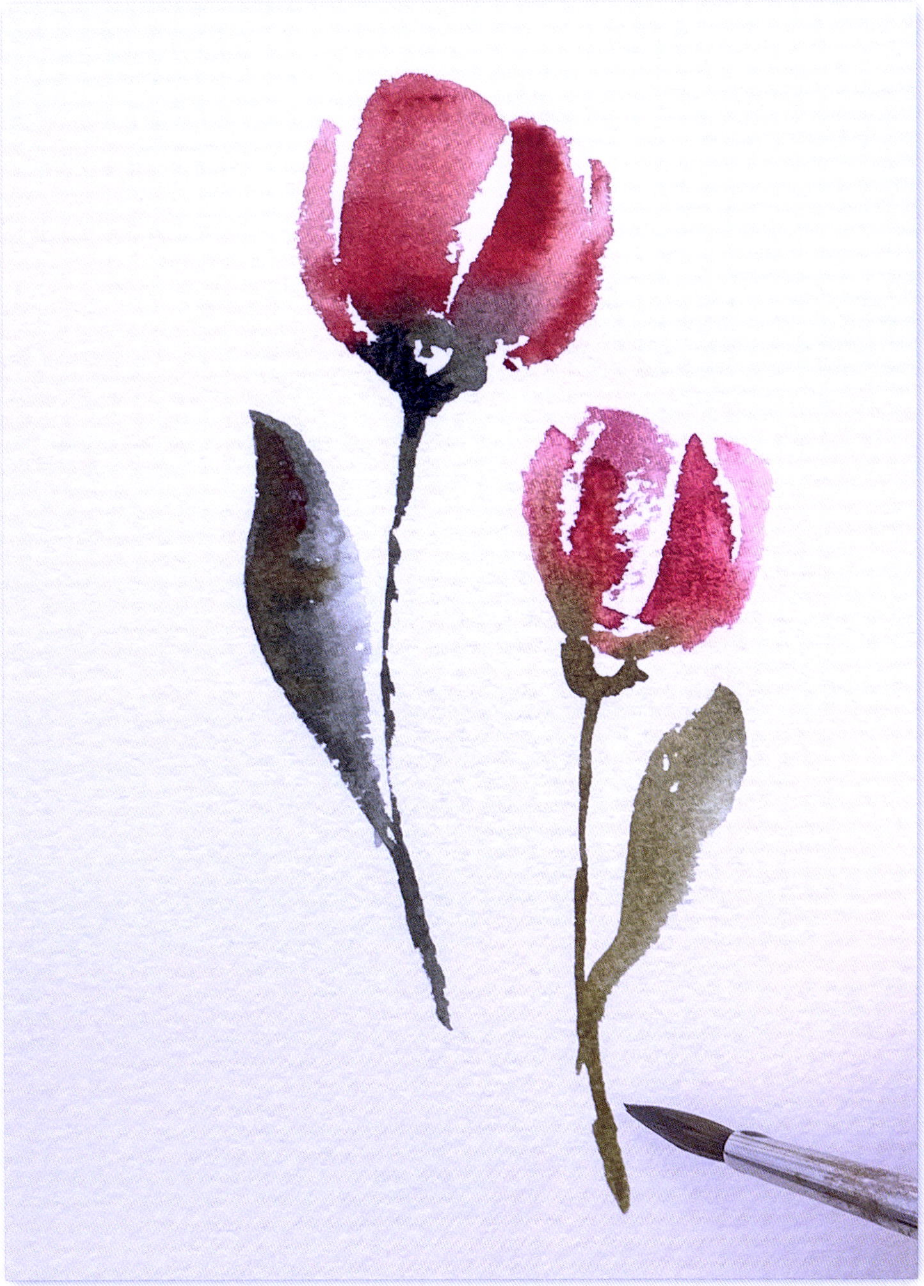

6. Schritt
Entsprechend der Schritte 1 bis 5 ergänze eine weitere kleine Tulpe und nutze bei den Blütenblättern einmal die Granuliertechnik (siehe Seite 14), indem du die Blätter mit einer recht trockenen Farbmischung ansetzt. So entsteht neben den bewusst freigehaltenen Stellen zwischen den Blütenblättern noch zusätzlich etwas Struktur innerhalb der Blütenblätter.

Tulpen-Grußkarte

Material

Passepartoutkarte
DIN A6,
z.B. von Rössler Papier

Klebstoff, z.B. Tombow
Maxi Power Tape

Eckenstanzer,
z.B. von Paperfuel

Schere

Grafitpapier

Bleistift

Fineliner oder Brush Pen

Eine Passepartoutkarten-Variante, die mir persönlich ganz besonders gut gefällt, möchte ich dir auch noch vorstellen. Bei dieser Variation interagiert der offene Rahmen der Karte gewissermaßen mit deinen Aquarellblumen. Für die Gestaltung der Karte benötigst du mindestens zwei oder auch mehr Aquarellblumen, die du wieder der Kontur folgend ausschneidest. Arrangiere diese dann sowohl innerhalb als auch außerhalb des Rahmens und klebe sie fest.
Anschließend kannst du noch einen kleinen Gruß oder Glückwunsch entweder direkt auf der Karte ergänzen oder diesen separat schreiben und auf die Karte kleben. Wie du den Schriftzug überträgst, habe ich auf der Seite 26 beschrieben.

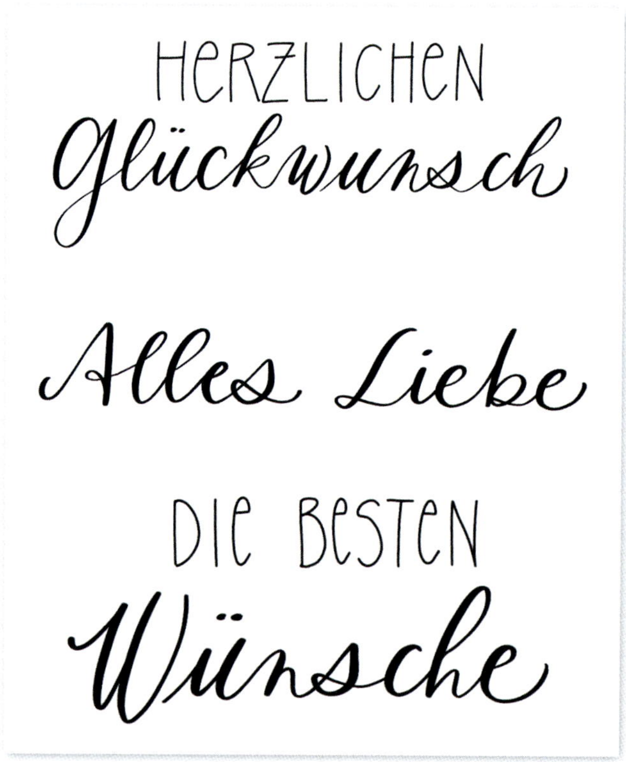

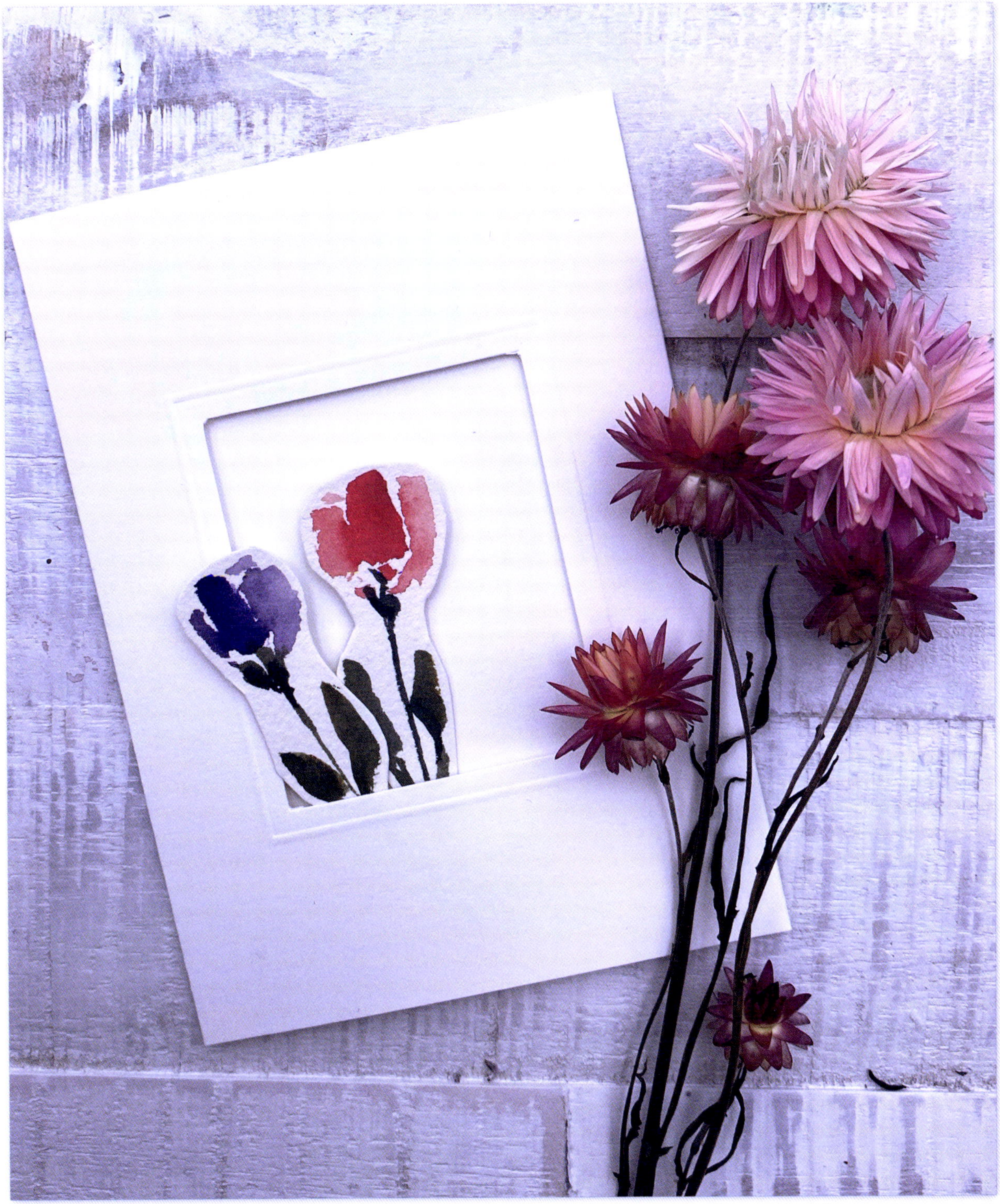

Rudbeckia

Material

Aquarellpapier

Aquarellfarben in
- Paynes Blaugrau

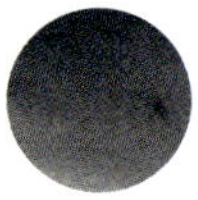

- Lasurorange

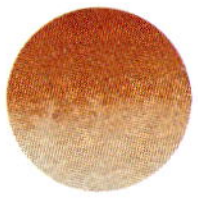

- Chromgelbton dunkel

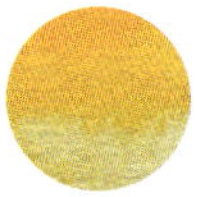

- Delftblau

- Chinacridon Gold

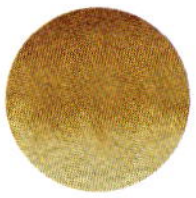

Rundpinsel, Größe 4

Die Rudbeckia gehört, ebenso wie der Purpursonnenhut, zur Familie der Sonnenhüte. Mit ihren strahlend gelben Blütenblättern und den meist dunkelbraunen Staubblättern erinnert sie mich immer ein bisschen an eine Miniatursonnenblume und auch ein wenig an den sich ankündigenden Herbst.

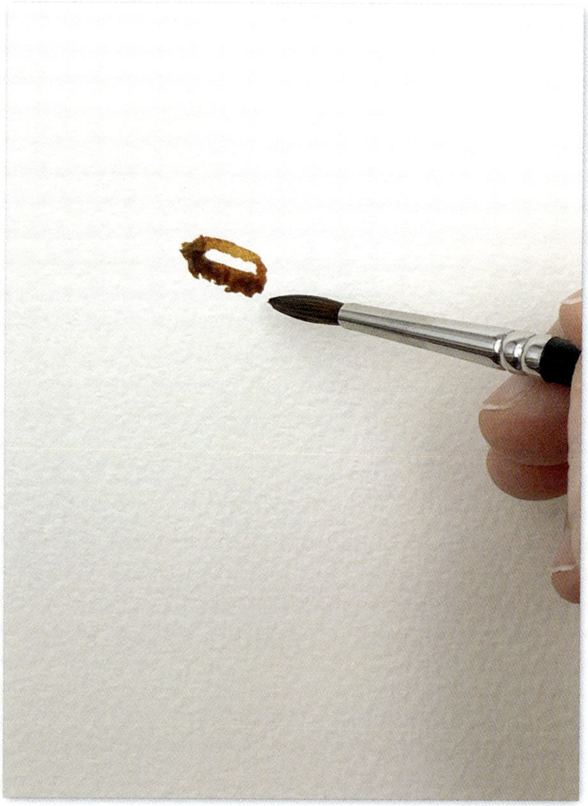

1. Schritt
Beginne mit einer braunen Farbmischung aus Grau und Orange und male damit eine halbkreisförmige Blütenmitte.

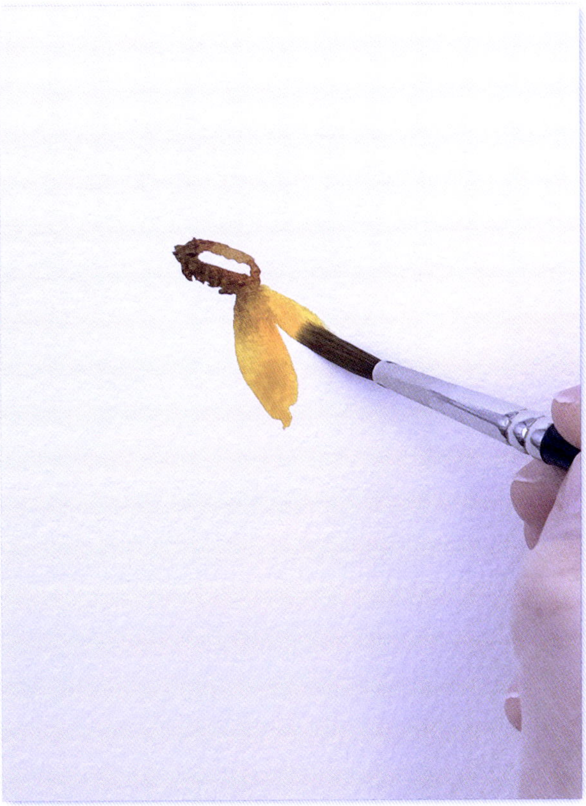

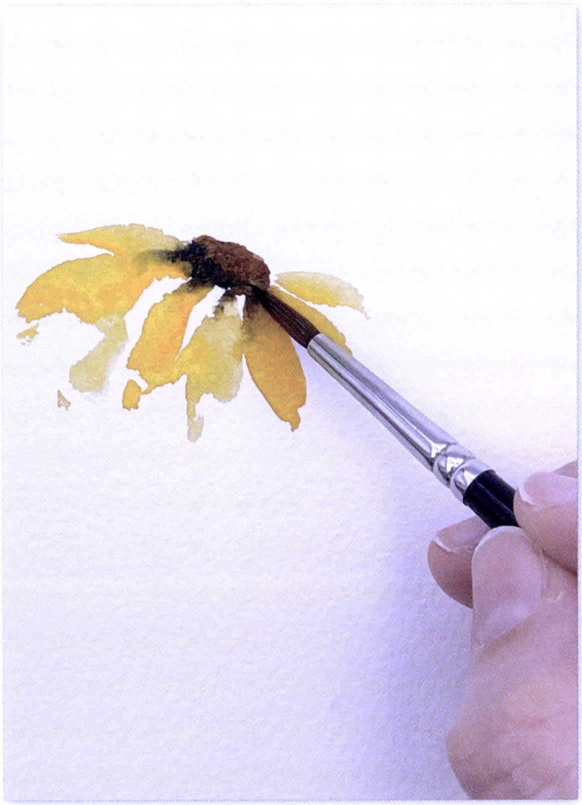

2. Schritt

Von der Blütenmitte ausgehend ergänze mit einer gelben Farbmischung die einzelnen Blütenblätter strahlenförmig rings um den unteren Teil der Blütenmitte. Achte dabei auf kleine Zwischenräume zwischen den einzelnen Blütenblättern.

3. Schritt

Tupfe mit einem stark pigmentierten dunkelblauen Farbton anschließend entlang des Übergangs zwischen den gelben Blüten- und den braunen Staubblättern. Die Pigmente werden sich nun etwas in die Blütenblätter verteilen, was ihnen ein natürlicheres Aussehen verleiht.

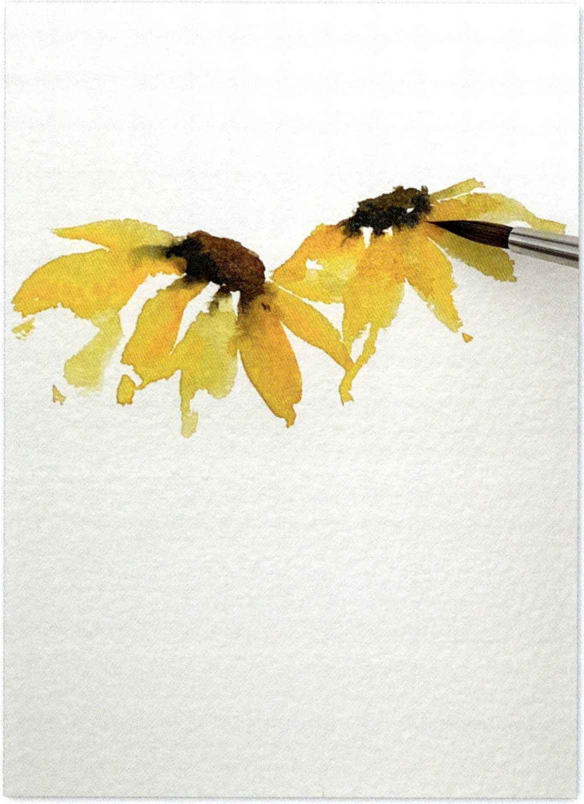

4. Schritt

Male analog der Schritte 1 bis 3 eine weitere Blüte und setze anschließend bei beiden Blüten mit einer Farbmischung aus Gelb und Orange einige (dunklere) Akzente in einzelne Blütenblätter.

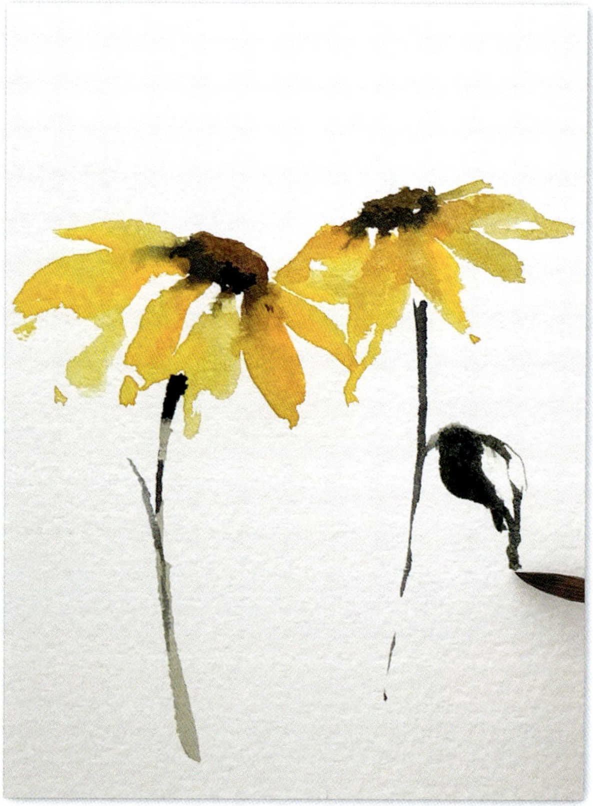

5. Schritt

Mit einer grünen Farbmischung aus Blau und Gelb ergänze jeweils die Stiele der Blüten sowie die bei dieser Blume etwas bauchigen Blätter.

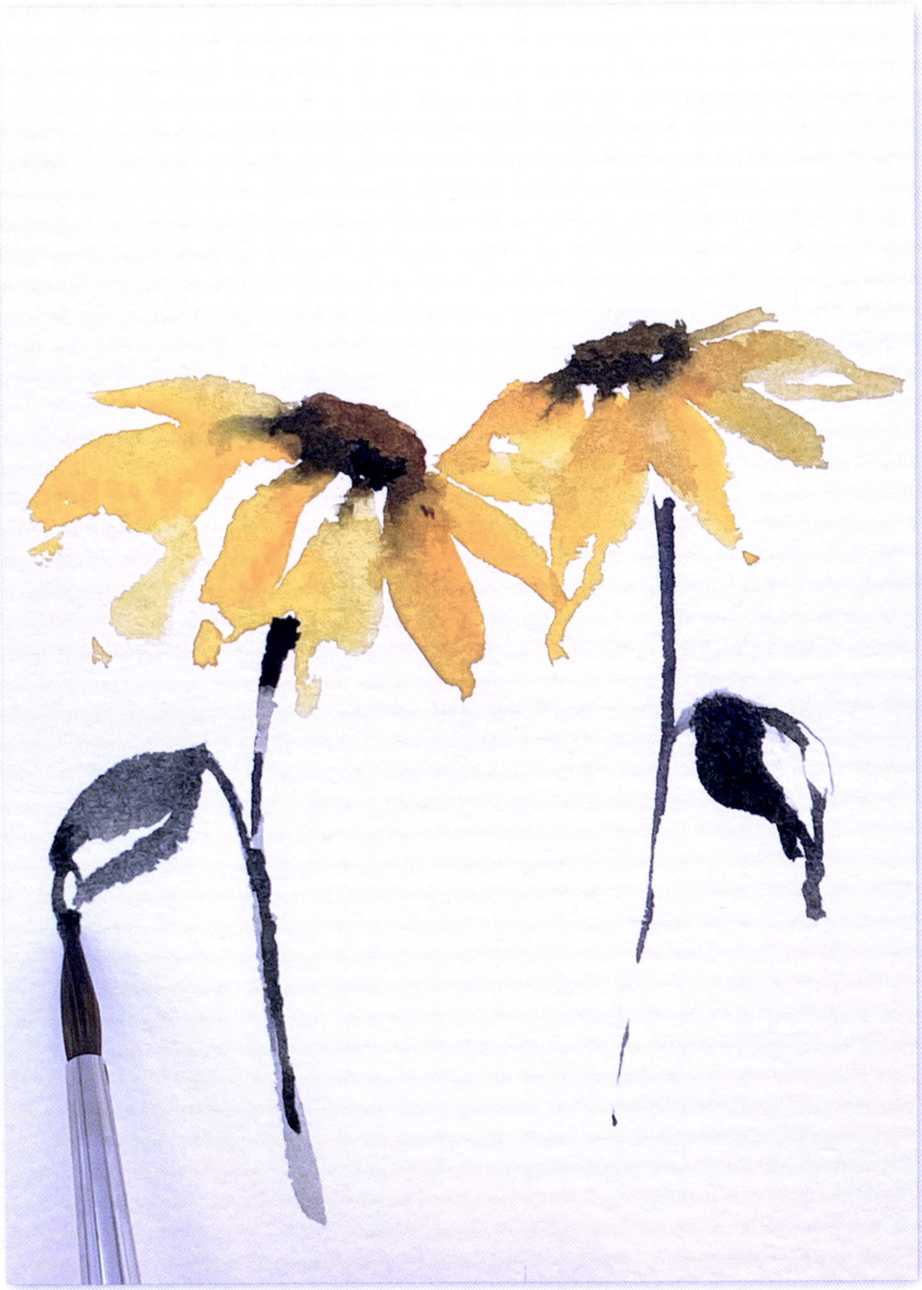

6. Schritt
Mit verschiedenen Grüntönen kannst du bei den Blättern noch einige Akzente setzen, indem du beispielsweise an die Blattränder noch ein dunkleres Grün tupfst.

Pfingstrosen

Material

Aquarellpapier

Aquarellfarben in

- Krapplack Rosa

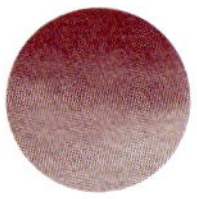

- Chinacridon Gold

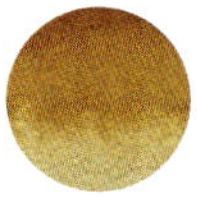

- Delftblau

Rundpinsel, Größe 4

Pfingstrosen beeindrucken nicht nur mit ihren großen farbenprächtigen Blüten. Manche Arten verströmen auch einen zauberhaften Duft. Sie gedeihen sowohl als Stauden als auch als Strauch- bzw. Baumpfingstrosen. Die Pfingstrose gehört, neben den Mohnblumen, als Malmotiv zu meinen Lieblingsblumen. Im folgenden Beispiel habe ich eine runde und kompakte Grundform als Basis gewählt. Die Blüte an sich besteht aus vielen eng aneinanderliegenden Blütenblättern. Noch geschlossene Knospen erinnern an die Form eines Tischtennisballs.

1. Schritt
Beginne mit den Blütenblättern der Knospenmitte und male mit einer schwach pigmentierten rosa Farbe zwei Halbkreise und einen Strich in deren Mitte. Achte wieder auf kleine Zwischenräume zwischen den einzelnen Blütenblättern.

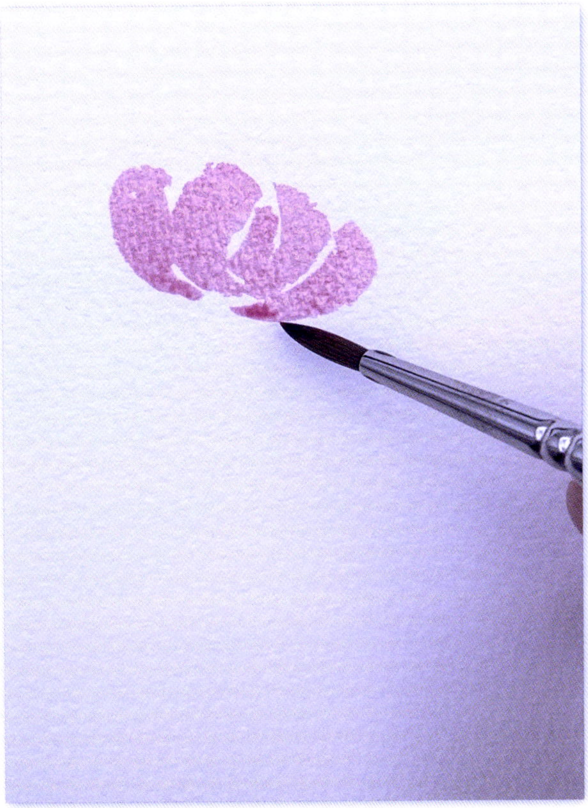

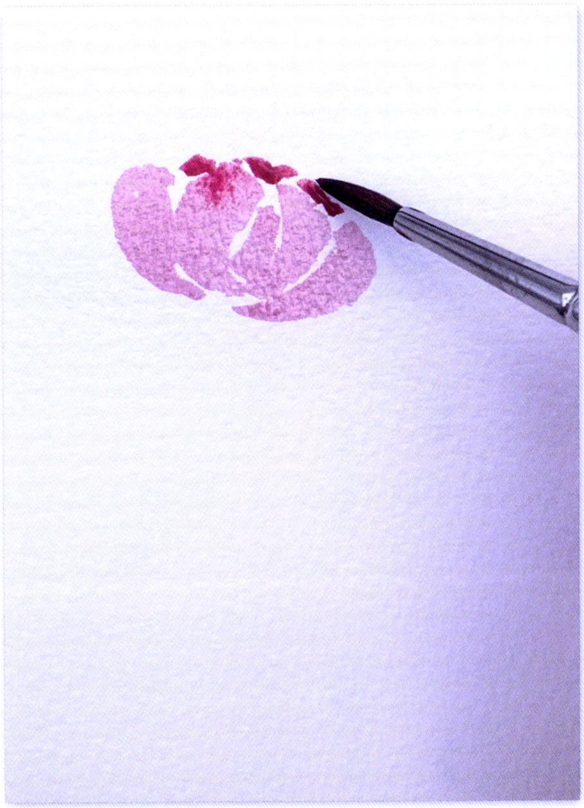

2. Schritt
Ergänze rechts und links davon weitere Blütenblätter, die im oberen Bereich breiter sind, zum Ende hin schmaler verlaufen und sich am untersten Punkt der zuerst gemalten Blütenblätter treffen.

3. Schritt
Mit einer stark pigmentierten rosa Farbe male kleine Striche oberhalb der Blütenmitte. So deutest du ein paar weitere Blütenblätter auf der Rückseite der Blüte an.

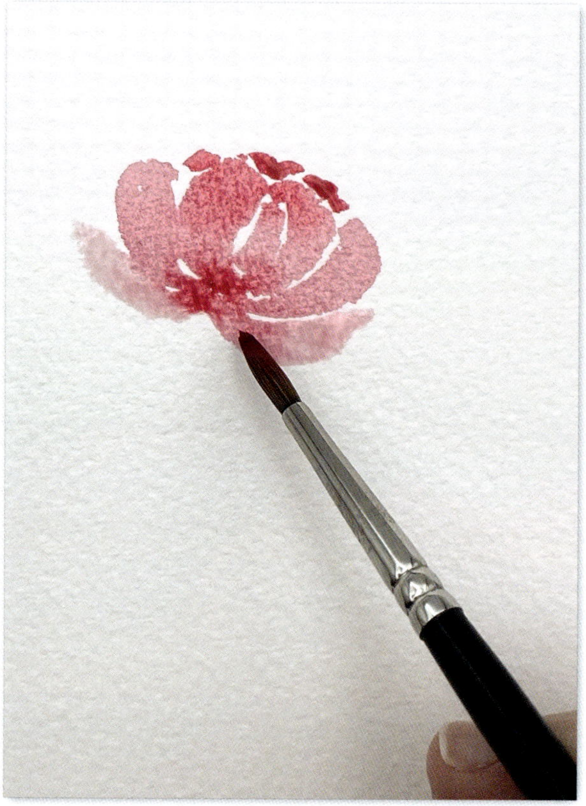

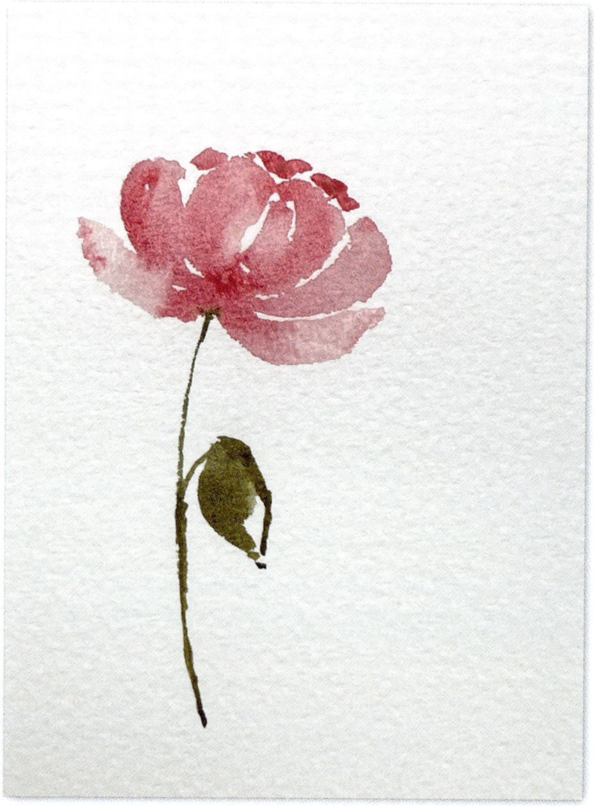

4. Schritt
Ergänze von der unteren Blütenmitte ausgehend rechts und links jeweils ein weiteres Blütenblatt und tupfe anschließend mit der stark pigmentierten Farbe in die untere Blütenmitte, von der alle gemalten Blütenblätter ausgehen.

5. Schritt
Male anschließend mit einer grünen Farbmischung aus Blau und Gelb den Stiel und ein Blatt der Pfingstrose.

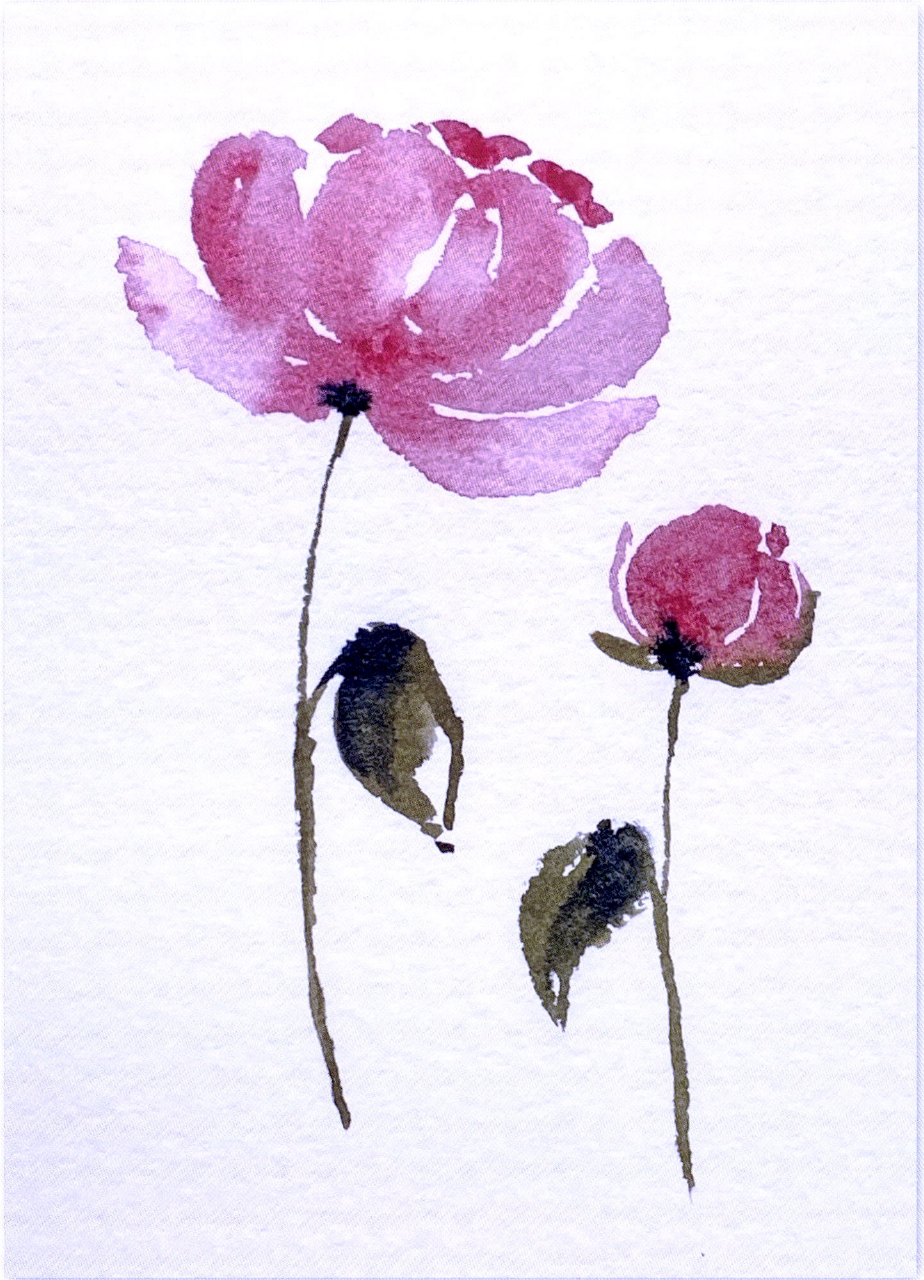

6. Schritt
Ergänze das Bild durch eine noch geschlossene Pfingstrose, indem du mit einer stärker pigmentierten rosa Farbe einen kleinen Kreis malst und links und rechts davon mit schmalen Strichen weitere Blütenblätter andeutest. Ein Stiel sowie ein Blatt vervollständigen die Knospe.

Pfingstrosen-Bild

Material

Bilderrahmen, z.B. Objektrahmen, 12 x 14 cm

Klebstoff, z.B. Tombow Maxi Power Tape

ggf. Schere

Die wahrscheinlich klassischste Variante, deine zauberhaften Aquarellbilder ins beste Licht zu rücken ist es, sie zu rahmen und aufzustellen oder sie an die Wand zu hängen.
Ich habe mir für meine Aquarellblumen einen Objektrahmen ausgesucht. Bei dieser Rahmenart besteht zwischen Bild und Glas ein kleiner Abstand. Daher ist es notwendig, das Bild an der Rahmenrückwand mit Kleber zu befestigen.
Eine weitere Möglichkeit, um zum Beispiel auch kleinen Aquarellbildern einen großen Auftritt zu verschaffen, bietet der Einsatz von Passepartouts. Diese bestehen meist aus Papier oder Pappe und bilden einen zusätzlichen Rahmen um das eigentliche Bild. Vorteile bestehen zum einen darin, dass der Blick so direkt auf das eigentliche Kunstwerk gelenkt wird, und zum anderen ist es durch den abdeckenden Rahmen möglich kleinformatige Bilder größer zu rahmen.

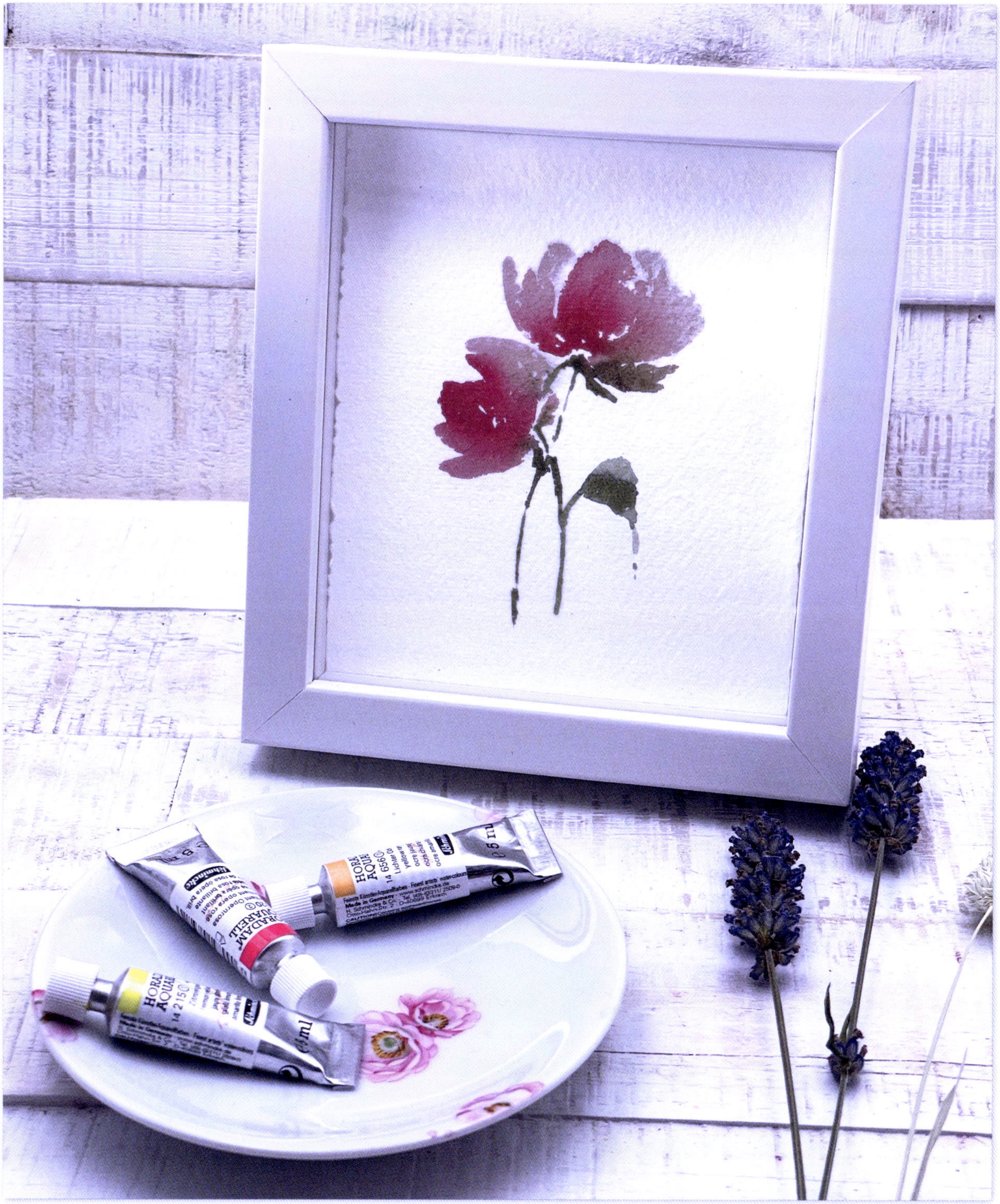

Distel

Material

Aquarellpapier

Aquarellfarben in

- Delftblau

- Krapplack Rosa

- Rubinrot/Pink

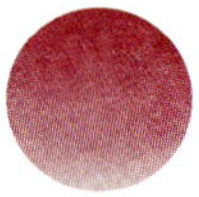

- Kobaltblau

- Paynes Blaugrau

- Lasurorange

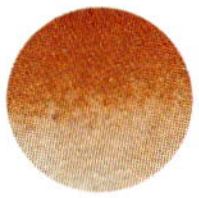

Rundpinsel, Größe 4

Hierzulande hat die Distel leider ein eher etwas stacheliges Image, welches sie aus meiner Sicht nicht verdient hat. Sind beispielsweise einige Arten seit langer Zeit als Heilpflanze bekannt, gibt es auch viele sehr dekorative Sorten unter den Disteln.
Um eine von der Seite aus betrachtete Mariendistel zu malen, gehe folgende Schritte:

1. Schritt
Male zunächst mit einer schwach pigmentierten Farbmischung aus Grau und Kobaltblau ein kleines Oval und ergänze rechts mit etwas Abstand einen dünnen Halbkreis.

2. Schritt
Mit einer stärker pigmentierten Farbmischung aus Grau und Kobaltblau tupfe in den unteren Teil der beiden Flächen. Durch die Nass-in Nass-Technik werden sich die Pigmente etwas in die Flächen hineinziehen.

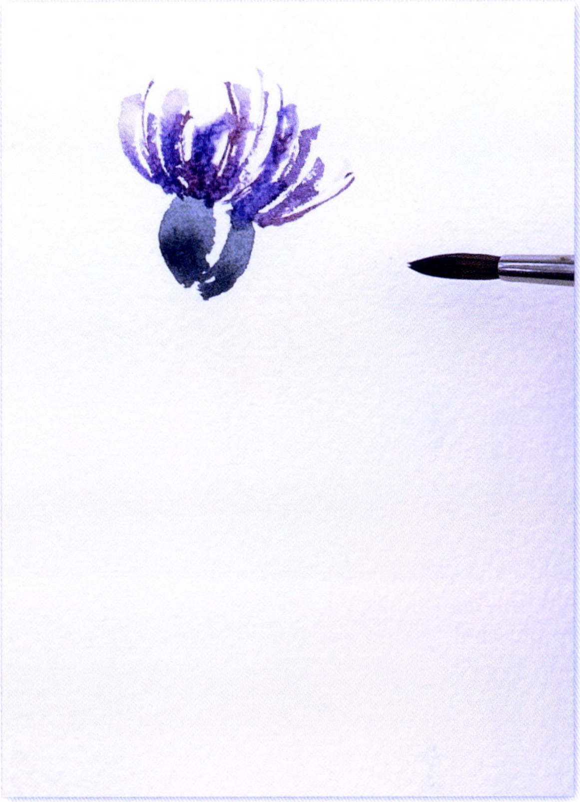

3. Schritt
Anschließend male mit einer violetten Farbmischung aus Pink und Blau die einzelnen Blütenblätter in dünnen lockeren Strichen, die oben aus der Blüte herauswachsen. Variiere hier mit Farbschattierungen in Rosa und Violett.

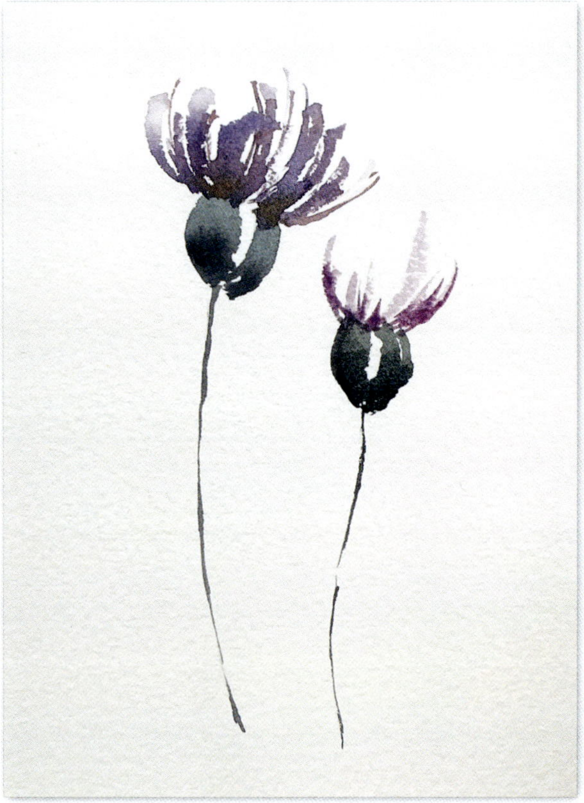

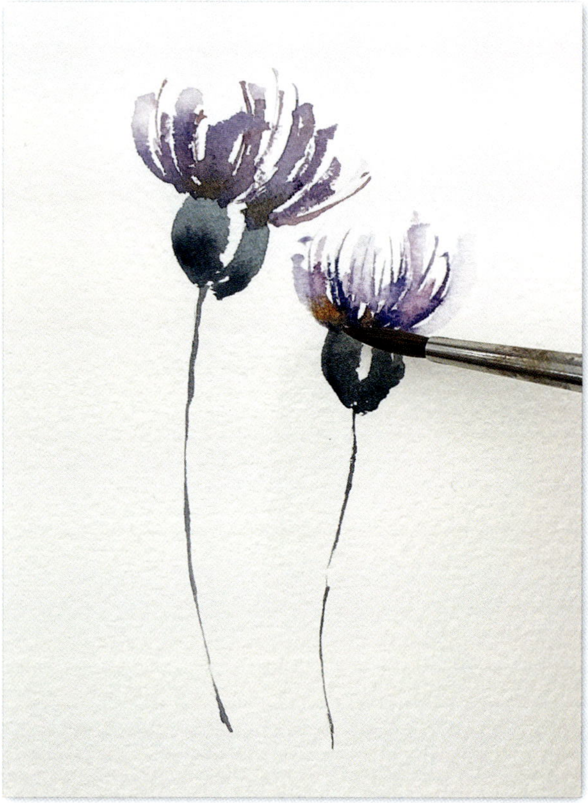

4. Schritt
Male nach den Schritten 1 bis 3 eine weitere kleinere Blüte daneben und ergänze bei beiden mit der ursprünglichen Farbmischung aus Paynes Blaugrau und Kobaltblau die Stiele der beiden Blüten.

5. Schritt
Akzente kannst du mit Orange setzen, indem du diese Farbe vorsichtig in den Übergang zwischen den Blütenblättern und dem unteren Teil der Blüte tupfst.

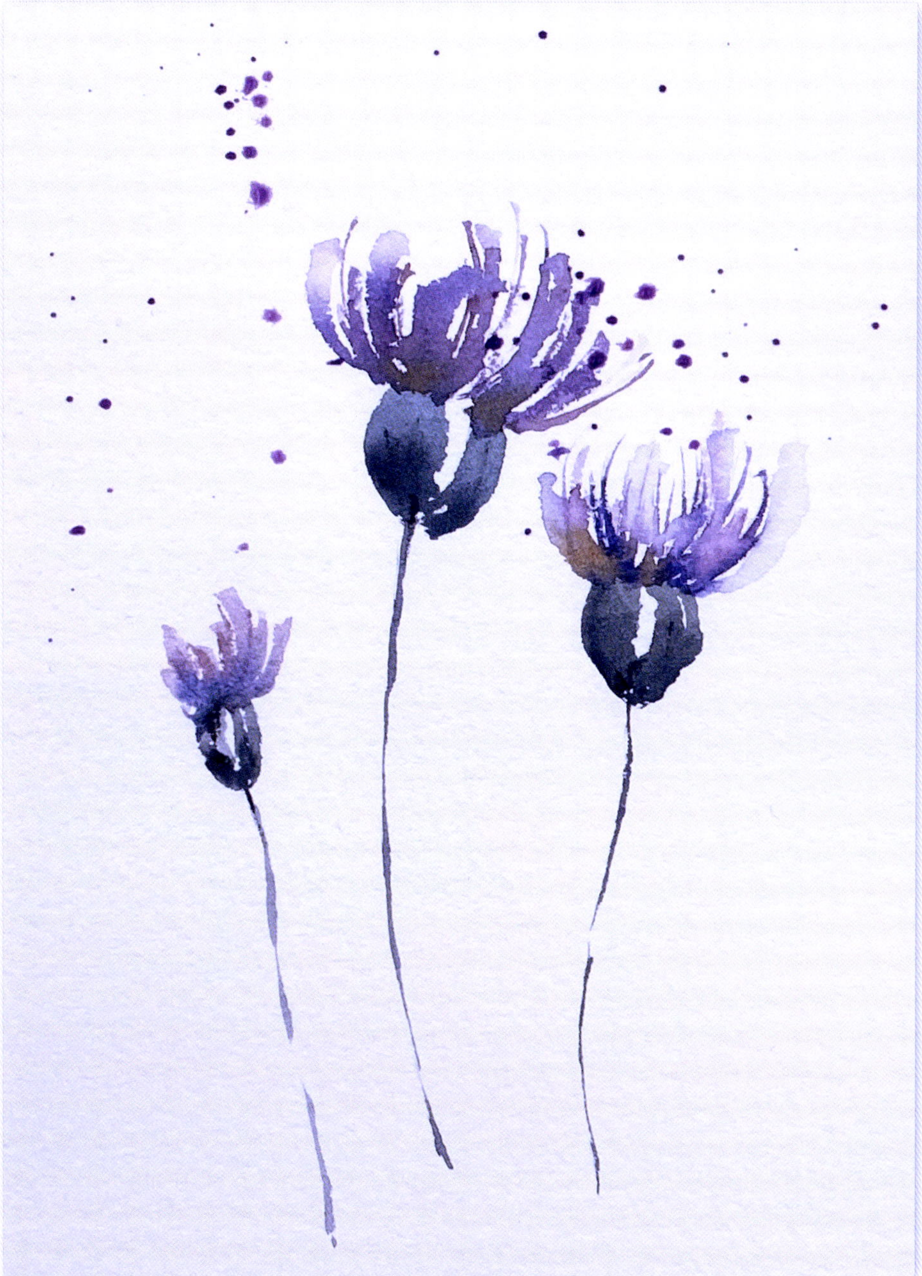

6. Schritt

Zum Abschluss ergänze eine noch fast geschlossene kleine Knospe, deren Blütenblätter fast senkrecht nach oben stehen. Lockere das Bild mit einigen leicht pigmentierten Wassersprenkeln aus dem Pinsel auf.

Stockrosen

Material

Aquarellpapier

Aquarellfarben in

- Krapplack Rosa

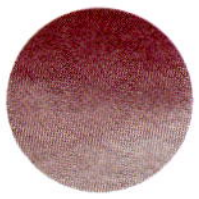

- Chinacridon Gold

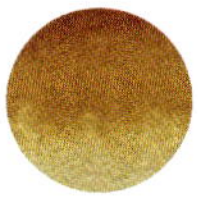

- Delftblau

- Chromgelbton dunkel

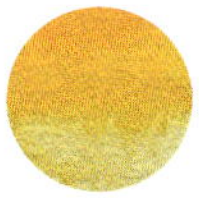

Rundpinsel, Größe 4

Aquarellbleistift

Stockrosen, auch Stockmalven genannt, sorgen mit ihren bunten, rispenförmig angelegten Blüten nicht nur in Gärten für farbenfrohe Blickfänge, sondern sind auch als Schnittblumen eine wahre Pracht.
Sie bestehen aus senkrecht angelegten Blütenrispen, deren Knospen an der Spitze noch komplett grün und geschlossen sind, während die unteren Blüten bereits aufgeblüht sind.
Als Grundform kannst du dir ein sehr spitzes, hochkant stehendes Dreieck vorstellen, in das von unten nach oben jeweils versetzt Ovale gezeichnet werden.

1. Schritt
Beginne alle geöffneten ovalen Blüten mit einer leicht pigmentierten Farbmischung in Rosa. Achte darauf, das Oval jeweils nicht komplett auszumalen, sondern unregelmäßig einige Stellen frei zu lassen. Die Mitte jeder Blüte bleibt für die später angedeuteten gelben Staubblätter frei.

2. Schritt

Male weitere Blüten jeweils leicht versetzt links und rechts senkrecht in die Höhe und achte darauf, dass die Blüten nach oben gehend immer kleiner werden.

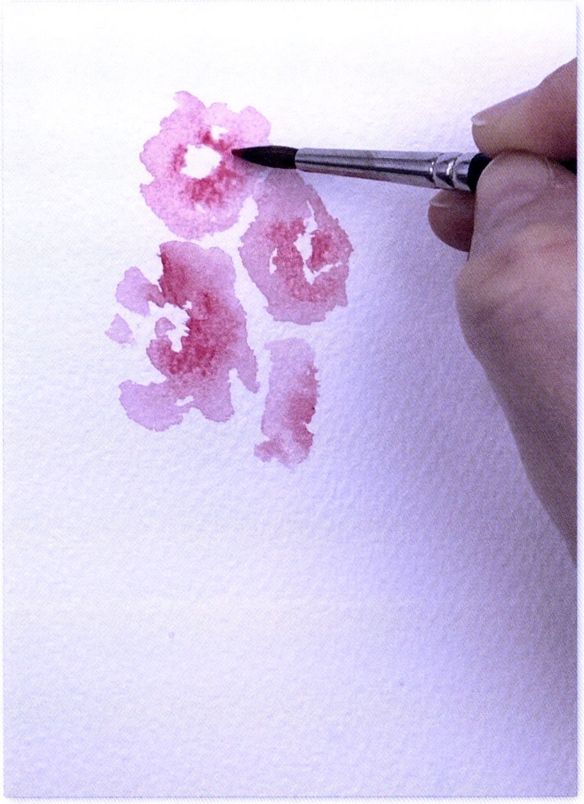

3. Schritt

Um Lebendigkeit und räumliche Tiefe in den Blütenblättern zu erzeugen, tupfe mit einer stärker pigmentierten Farbmischung in die Mitte und an den Rand der noch nicht getrockneten Blüten (Nass-in-Nass-Technik).

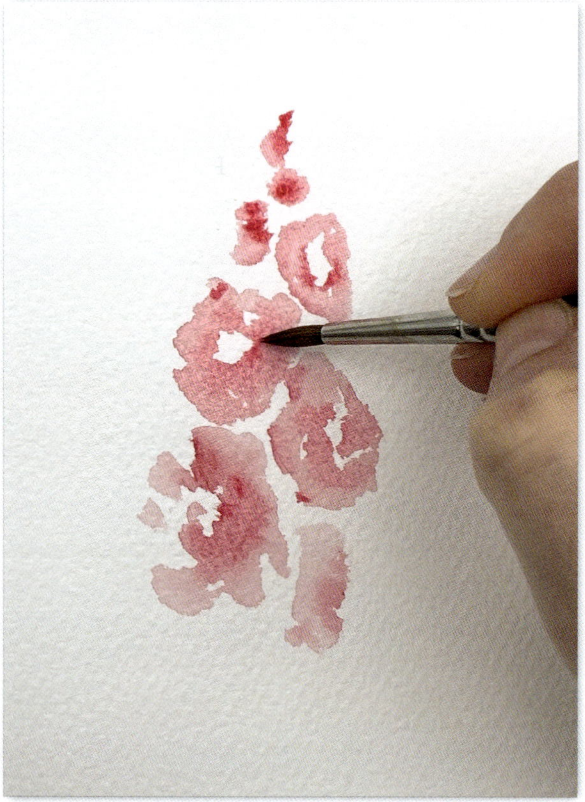

4. Schritt
Die obersten Blütenknospen sind noch nicht aufgeblüht. Deute diese ebenfalls mit der stärker pigmentierten Farbmischung an, indem du sie als kleine, unregelmäßige Kreise bis hin zu kleinen Punkten malst.

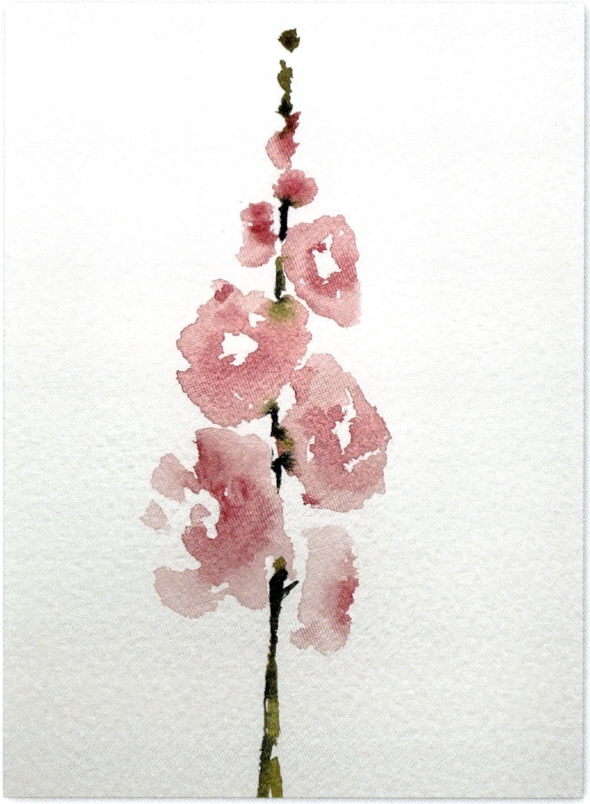

5. Schritt
Mit einem aus Gelb und Blau gemischten Grünton ergänze nun zwischen den einzelnen Blüten senkrecht den Stiel der Stockrose sowie die obersten Knospen, die noch komplett grün sind.

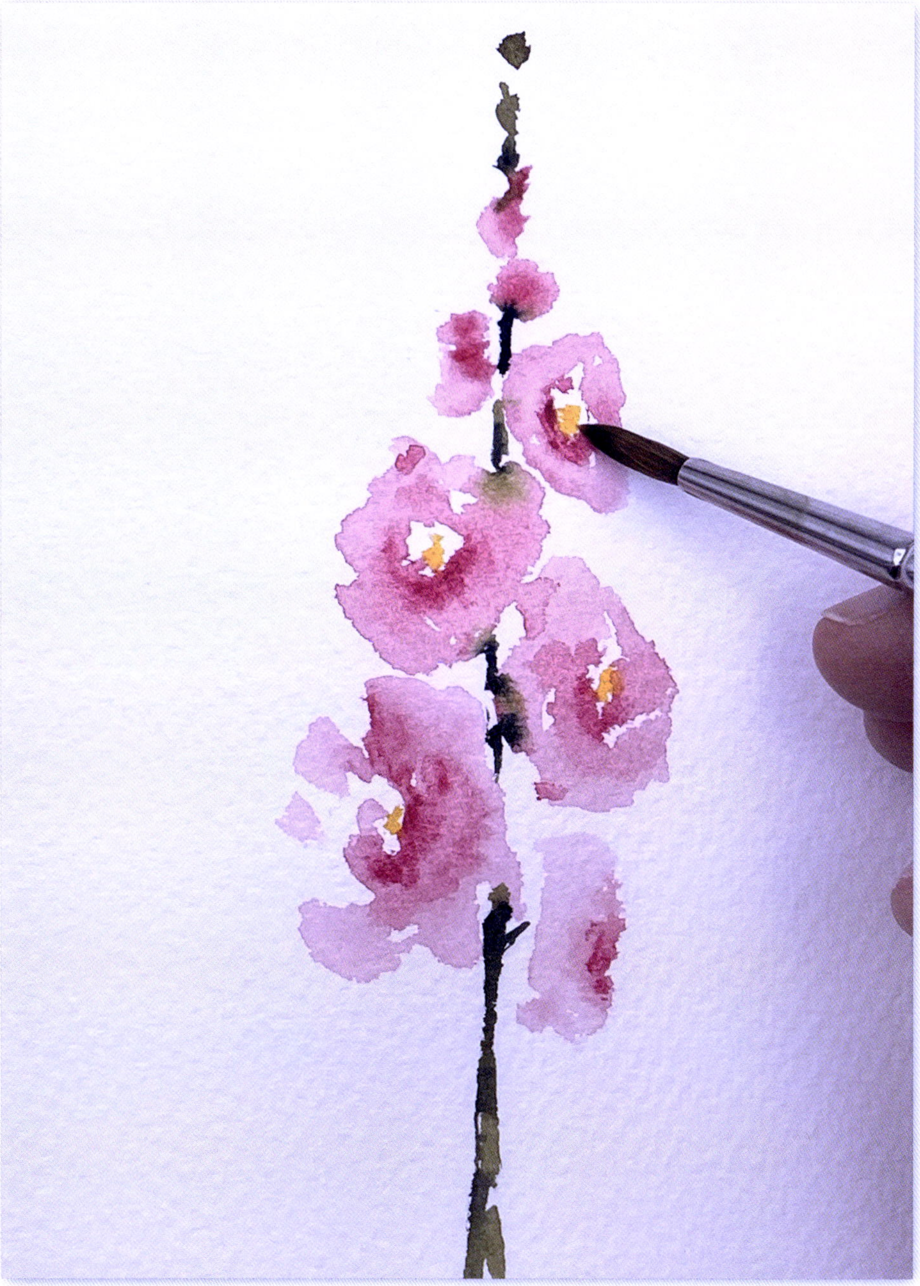

6. Schritt
Setze mit einer noch stärker pigmentierten Farbmischung in Pink/Rosa weitere Akzente in die Mitte der Blüten und deute mit Gelb die inneren Staubblätter an.

Stockrosen als Sticker

Material

bedruckbare Vinylfolie für Injektdrucker, matt, z.B. von ppd photo paper direct

Smartphone oder Scanner

App zur Fotobearbeitung, z.B. Magic Eraser

Drucker

Schere oder Schneidplotter

Hin und wieder kommt es vor, dass ich mich gar nicht von einem Aquarellbild trennen möchte. Hier bietet es sich an, das Aquarellbild zu digitalisieren und es so für die verschiedensten Projekte nutzbar zu machen, ohne das Original wegzugeben.
Der erste Schritt, um ein Aquarellbild zu digitalisieren, besteht darin, ein gut beleuchtetes Foto deines Aquarellbildes zu machen.
Im zweiten Schritt ist es notwendig, den Hintergrund, also das nicht bemalte Aquarellpapier, zu entfernen. Dafür kannst du eine der vielen Bildbearbeitungs-Apps nutzen, die es auf dem Markt gibt. Ich nutze dazu auf meinem Smartphone die App „Magic Eraser". In der App besteht die Möglichkeit, sowohl den Hintergrund automatisch entfernen zu lassen, als auch das Objekt manuell zu bearbeiten.
Meist ist das automatische Ergebnis schon sehr zufriedenstellend, bei manchen Blumen müssen zusätzlich jedoch noch ein paar manuelle Korrekturen vorgenommen werden.
Vom Hintergrund freigestellt, kann nun die Blume direkt auf die Vinylfolie gedruckt werden. Mit einer Schere oder einem Schneidplotter kannst du diese dann entsprechend deiner Vorstellungen ausschneiden. Ich habe sie in dem Beispiel mit einem kleinen Rand entlang der Kontur der jeweiligen Blumen ausgeschnitten.

TIPP
Diese schönen selbstgestalteten Sticker eignen sich prima, um Geschenke zu verzieren oder auch Seiten im Bullet Journal zu gestalten.

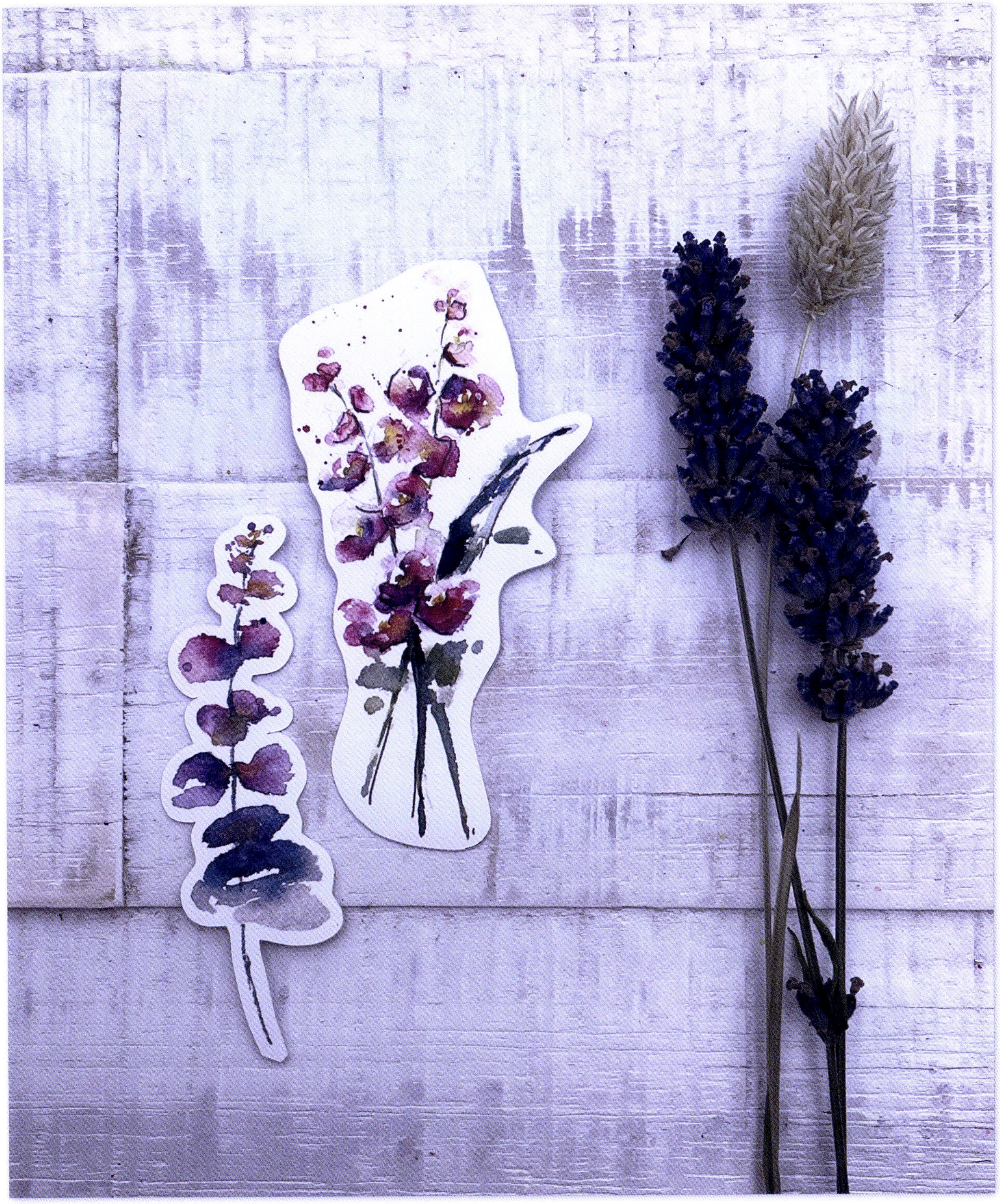

Löwenzahn

Material

Aquarellpapier

Aquarellfarben in
- Zitronengelb

- Chromgelbton dunkel

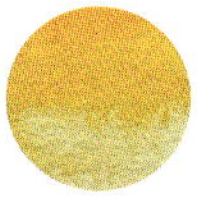

- Lasurorange

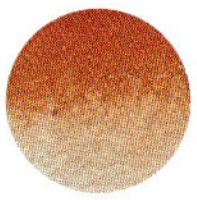

- Delftblau

Rundpinsel, Größe 4

Leuchtend gelb kann man die Butterblumen überall am Wegesrand oder auf Wiesen bewundern. Wegen ihrer markant gezackten grünen Blätter werden Butterblumen auch Löwenzahn genannt.
Von der Seite betrachtet ähnelt die Form der Blüte einem liegenden Halbkreis.
Die einzelnen Blütenblätter sind schmal und haben je nach Lage verschiedene Längen. Zum Beispiel sind die mittleren Blütenblätter etwas dunkler und kürzer als die äußeren Blütenblätter.

1. Schritt
Beginne die Blütenmitte mit einer kräftigen Farbmischung aus Orange und Gelb und male die Blütenblätter in einem Halbkreis angeordnet als kleine Striche. Nutze dafür lediglich die Spitze des Pinsels.

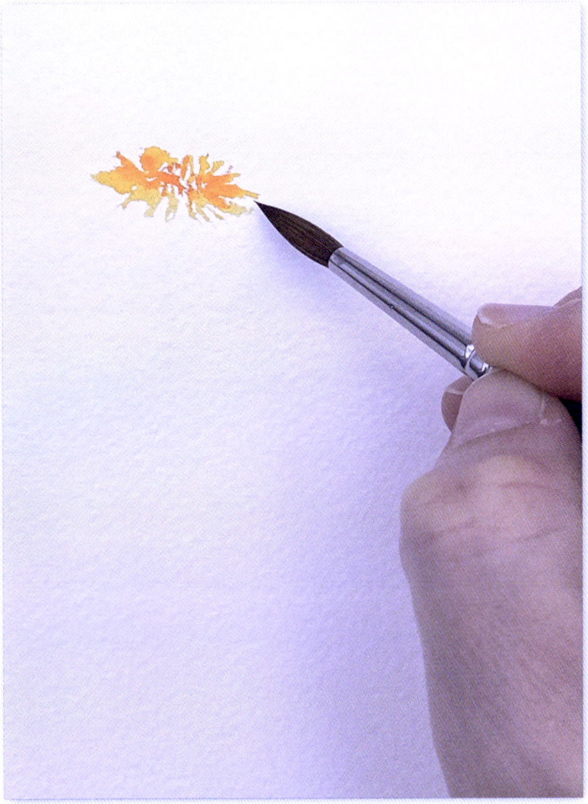

2. Schritt

Erstelle aus den beiden Gelbtönen eine hellere Farbmischung als für den 1. Schritt und ergänze unterhalb der Blütenmitte weitere Blütenblätter mit feinen Strichen, wobei die äußeren Blütenblätter rechts und links immer etwas länger werden.

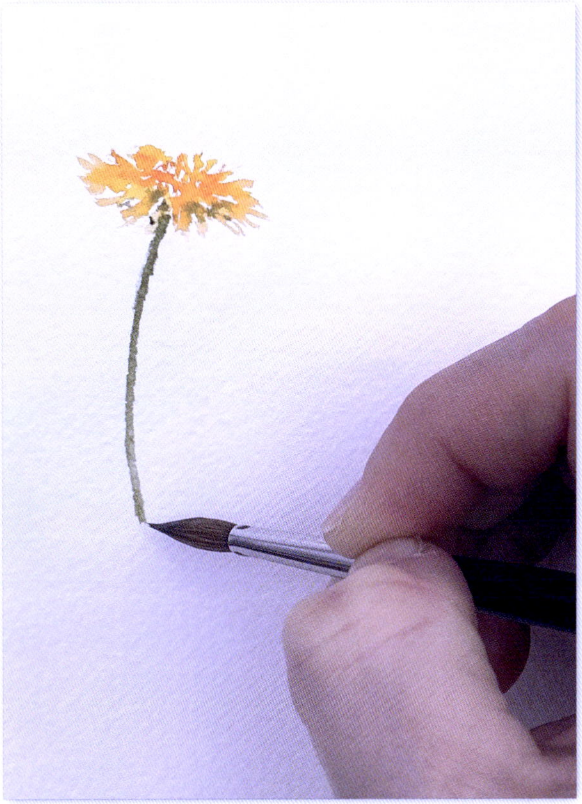

3. Schritt

Male dann mit einer relativ trockenen grünen Farbmischung aus Blau und Gelb im unteren Bereich der Blüte ein paar Tupfen zwischen die gelben Blütenblätter und ergänze den Stiel der Blüte.

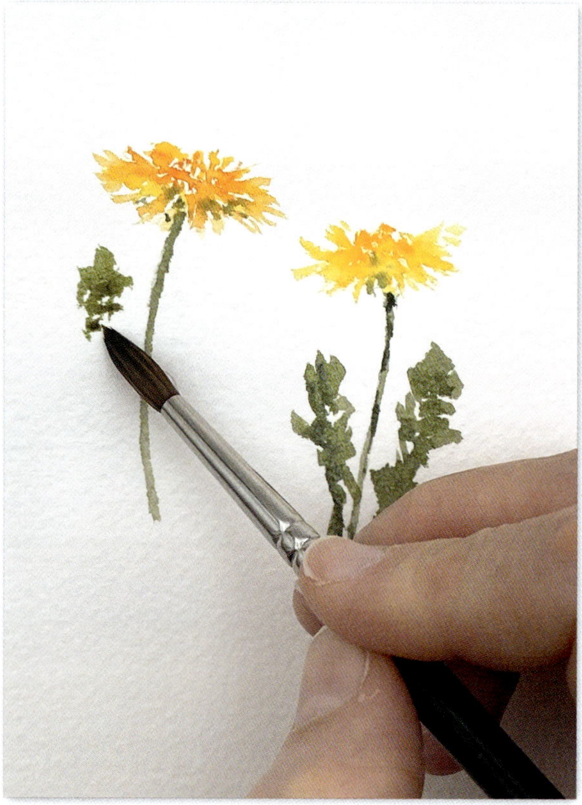

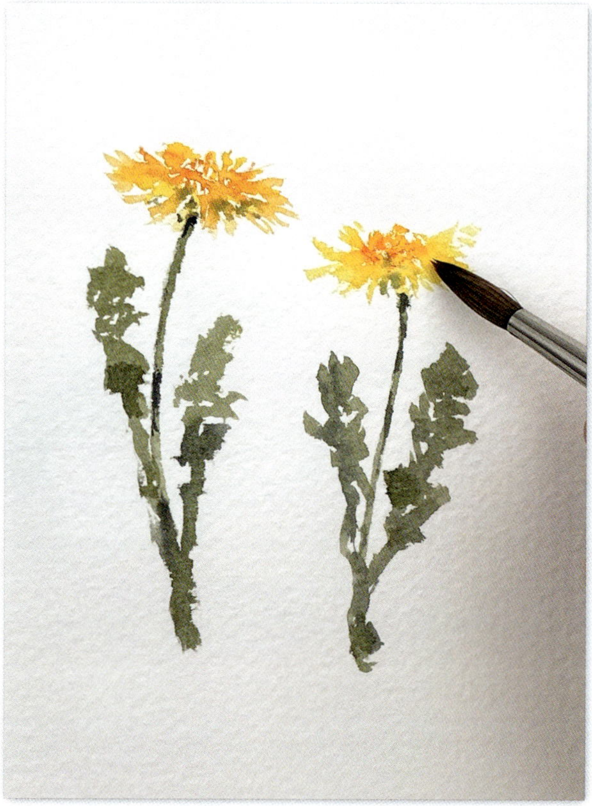

4. Schritt

Für eine zweite Butterblume verfahre analog der Schritte 1 bis 3 und ergänze anschließend bei beiden Blüten die charakteristisch gezackten Blätter der Blüten, indem du die Blätter in kleinen Stufen malst, sodass die Blattränder keine glatte Linie ergeben.

5. Schritt

Sobald die Blüten getrocknet sind, kannst du ein weiteres Mal mit einer relativ trockenen Farbmischung in Orange einige dunklere Akzente in die Mitte der Blüten tupfen.

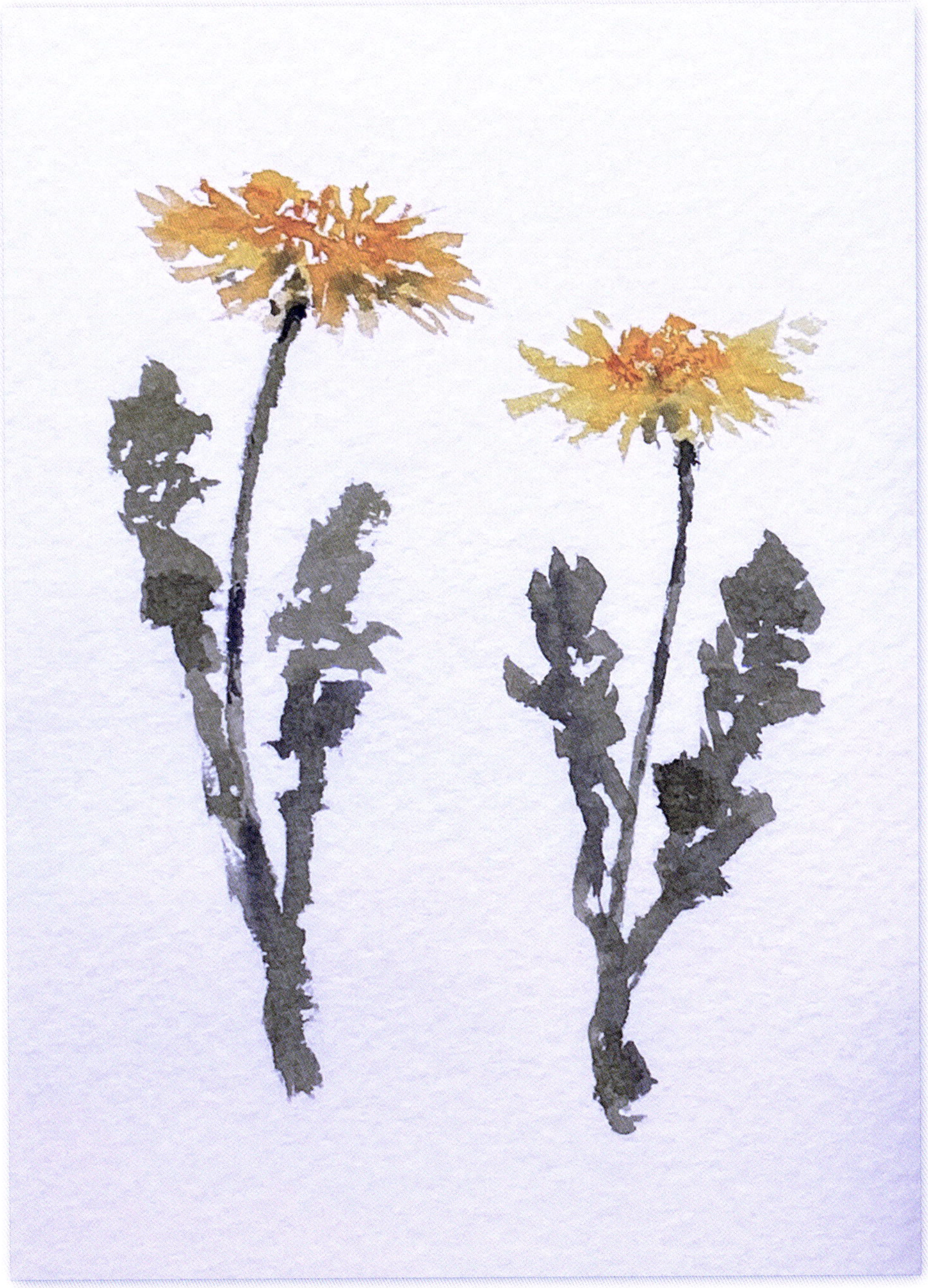

Fertiges Bild

Magnolie

Material

Aquarellpapier

Aquarellfarben in

- Krapplack Rosa

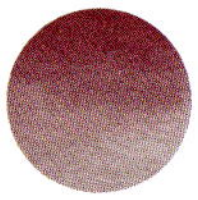

- Rubinrot/Pink

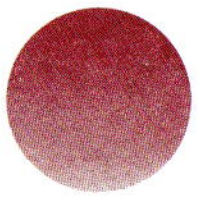

- Delftblau

- Chinacridon Gold

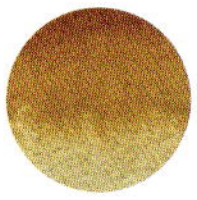

Rundpinsel, Größe 6

Magnolien, insbesondere die Tulpenmagnolie, gehören für mich zu den markantesten Frühlingsblumen. Sie wachsen als Busch oder als Baum. Ihre Blüten erstrahlen, je nach Art, in Schneeweiß, Rosa oder Gelb, bis hin zu einem dunklen Violett.
Wie der Name schon andeutet, erinnert die Blüte der Tulpenmagnolie an Tulpen bzw. kelchförmig geschwungene Blüten. Die Blüten sitzen bei dieser Art auf den Zweigen des Baumes und ragen in die Höhe. Die Grundform der Blüte erinnert ein wenig an die Flamme einer Kerze.

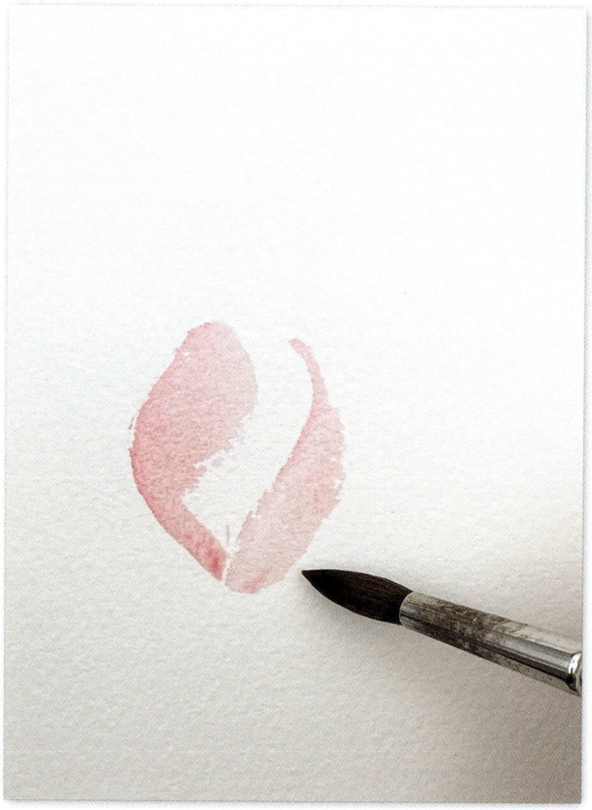

1. Schritt
Beginne mit einer leicht pigmentierten Farbmischung in Rosa. Setze den Pinsel etwas flächiger an und lasse den Pinselstrich geschwungen nach unten dünner auslaufen. Die Form erinnert etwas an ein Fragezeichen. Wiederhole dies anschließend rechts davon in umgekehrter Richtung von unten nach oben.

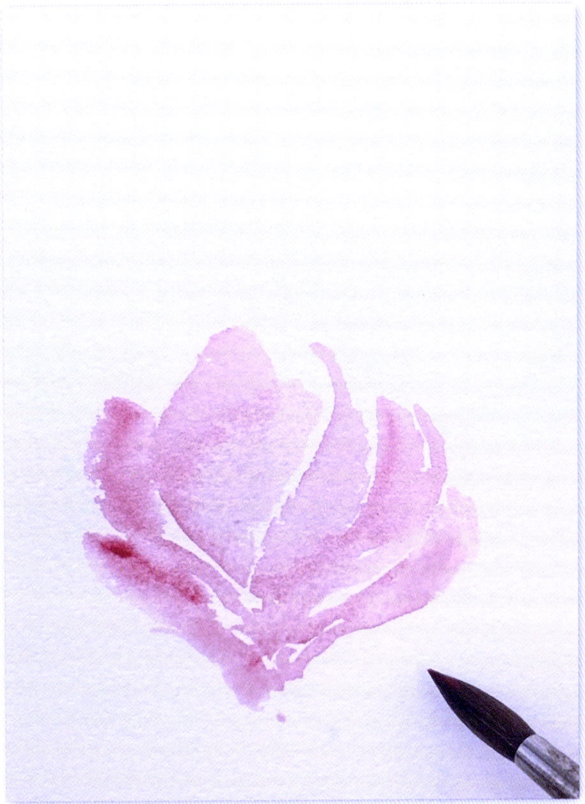

2. Schritt
Ergänze links und rechts weitere Blütenblätter rund um die im ersten Schritt gemalte Blütenmitte und setze diese etwas niedriger an als die Blütenmitte. Achte darauf, jeweils einen kleinen Zwischenraum zwischen den einzelnen Blütenblättern zu lassen.

3. Schritt
Male weitere Blütenblätter rund um die zuerst gemalte Blütenmitte, die wieder niedriger angesetzt sind als die weiter innen liegenden Blütenblätter. Nach und nach entsteht so eine bauchige Blüte.

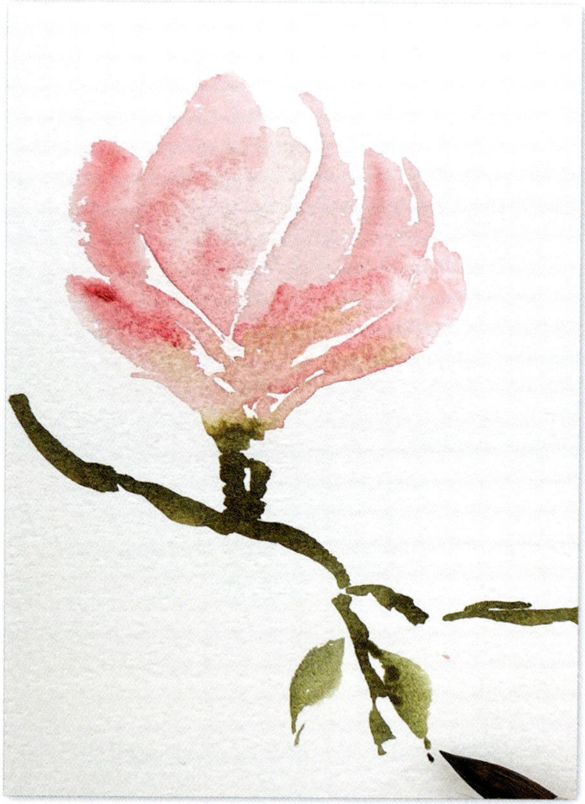

4. Schritt
Male mit einer grün-braunen Farbmischung aus Rot, Gelb und Blau den Zweig unterhalb der Blüte entlang und verbinde Blüte und Zweig anschließend mit einem kleinen senkrechten Strich. Ergänze kleine Blätter an den Enden des Zweiges.

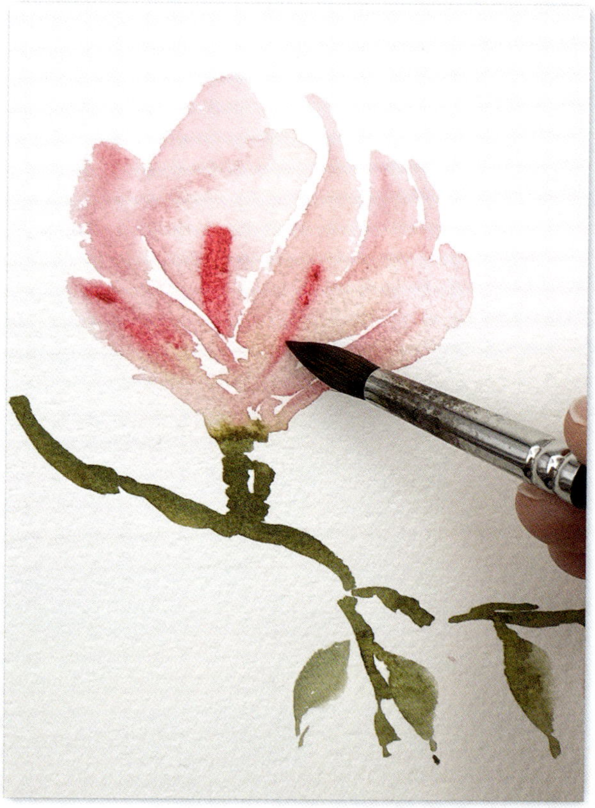

5. Schritt
Setze abschließend mit einer kräftigeren Farbmischung in Pink einige senkrechte Akzente innerhalb der einzelnen Blütenblätter.

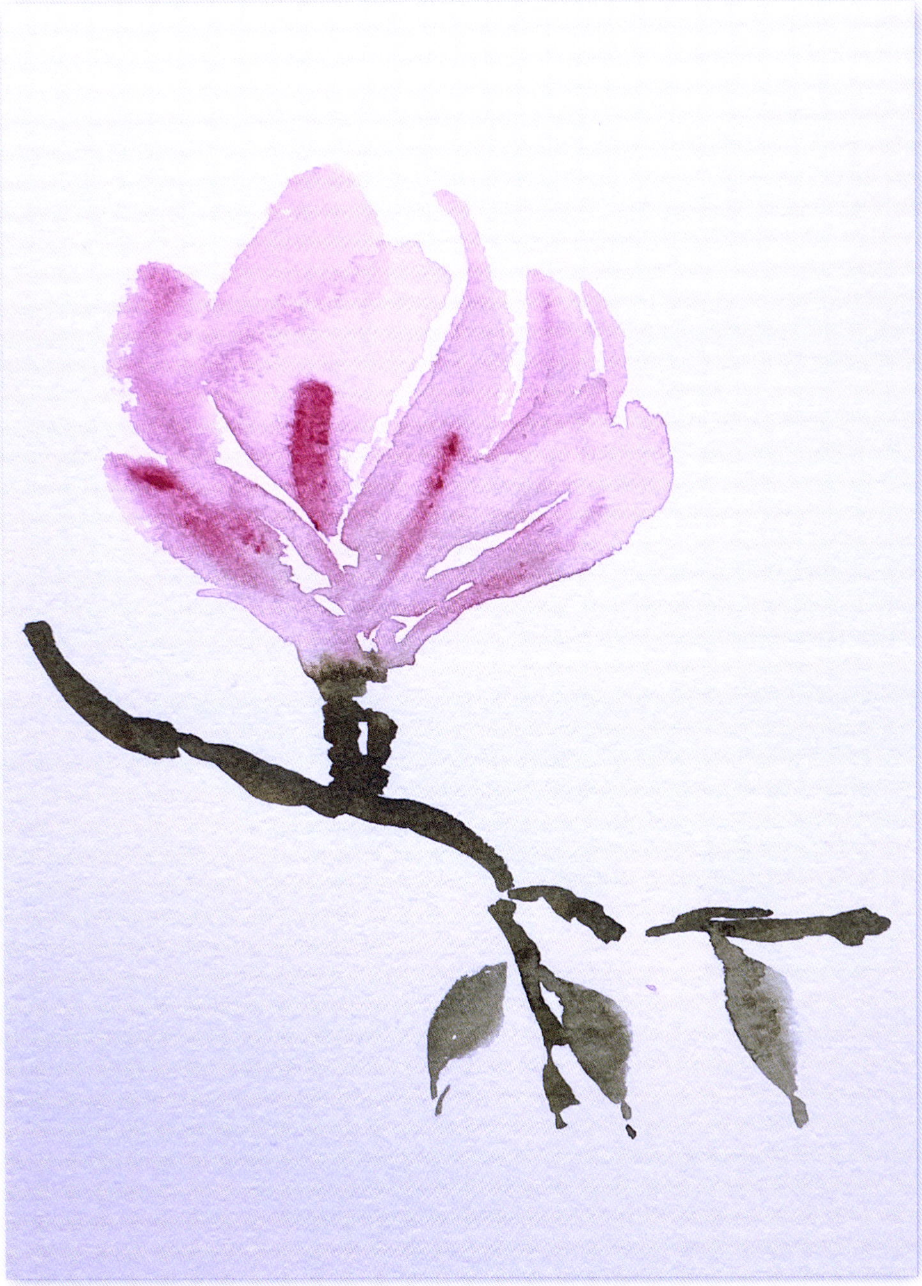

Fertiges Bild

Magnolien als Sticker oder Magnete

Material

digitalisierte Aquarellbilder

Smartphone oder PC

Wie du deine Aquarellbilder digitalisieren und daraus individuelle Sticker anfertigen kannst, habe ich bereits auf der Seite 72 beschrieben. Diese Methode eignet sich aber eher für einzelne oder zumindest eine kleinere Anzahl von Stickern. Benötigst du hingegen eine größere Menge an Stickern, so bietet es sich an, diese nicht einzeln selbst zu drucken, sondern dies bei einer Firma in Auftrag zu geben.
Hier gibt es im Internet viele verschiedene Anbieter. Der Bestellprozess ist dabei immer ähnlich.
Auf der Homepage des jeweiligen Anbieters, z.B. Stickerapp, kannst du aus verschiedenen Varianten hinsichtlich Form und Material deine „Sticker Basis" auswählen.
Lade anschließend dein Aquarell hoch und lasse es nach deinen Wünschen anfertigen.
Eine weitere Idee, deine digitalisierten Aquarelle für kleine Geschenke zu nutzen, sind bedruckte Kühlschrankmagnete. Das Vorgehen ist dabei identisch wie bei den Stickern. Auf der Homepage des Anbieters, z.B. Magpics, kannst du Menge, Form, Größe und Oberflächenbeschaffenheit der Magnete auswählen und dann entsprechend mit deinen hochgeladenen Aquarellbildern bestellen.

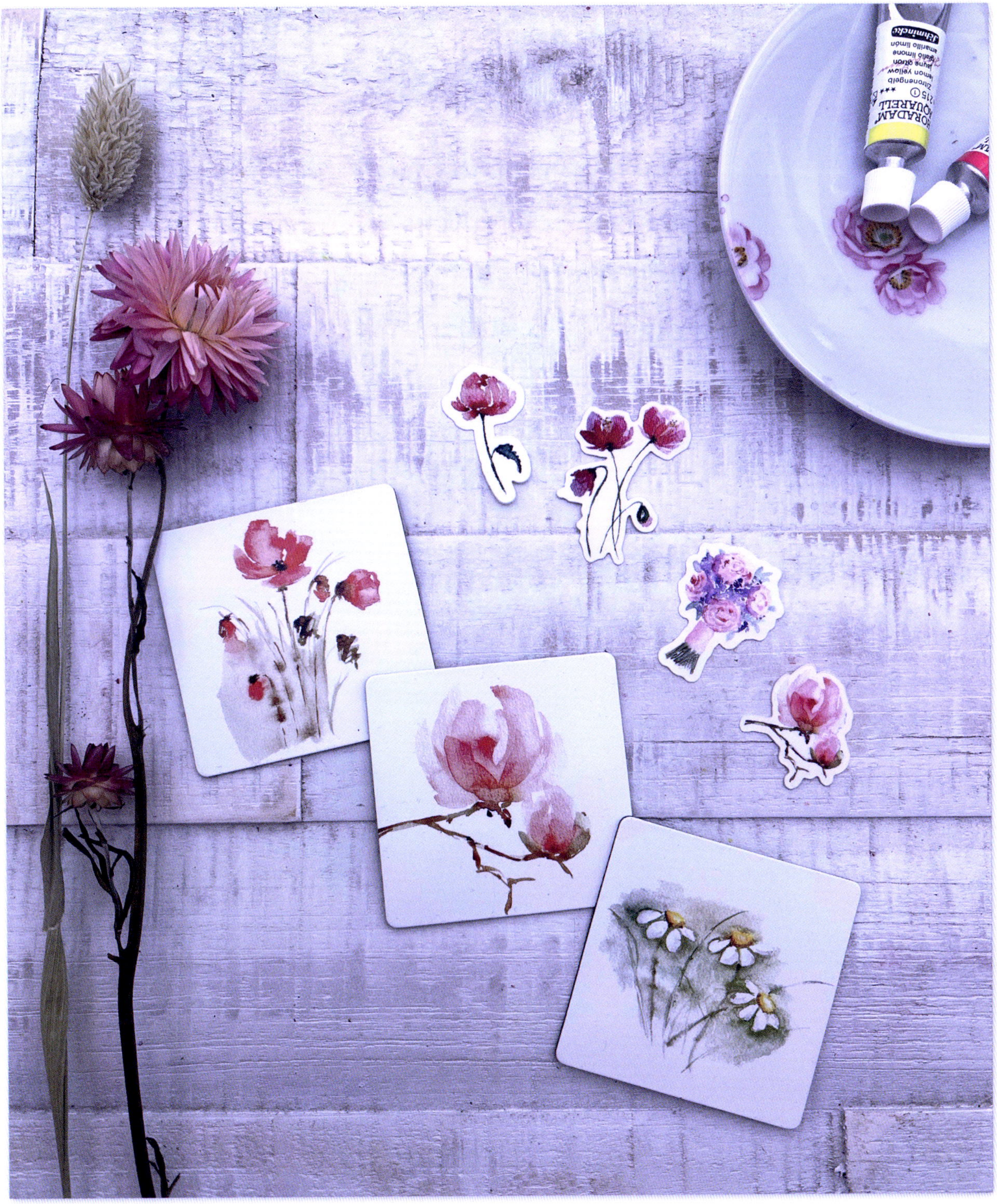

Gänseblümchen

Material

Aquarellpapier

Aquarellfarben in

- Chromgelbton dunkel

- Paynes Blaugrau

- Delftblau

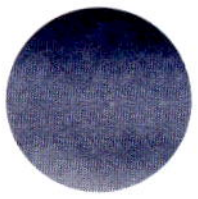

- Krapplack Rosa

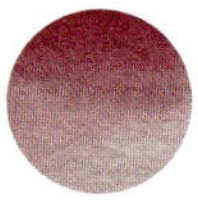

Rundpinsel, Größe 4

Gänseblümchen erfreuen uns fast das ganze Jahr über auf Wiesen und am Wegesrand. Mit ihren hauptsächlich weißen, manchmal etwas rosafarbenen Blütenblättern bilden sie stets einen deutlichen Kontrast zu ihrer grünen Umgebung.

Blumen mit weißen Blütenblättern zu malen ist vielleicht auf den ersten Blick eine kleine Herausforderung, aber es gibt ein paar Möglichkeiten, dies hübsch umzusetzen. Zum einen kann man Maskierflüssigkeit nutzen, um die weißen Blütenblätter zu schützen, während man den Hintergrund malt. Zum anderen kann man, wie bei meinem Beispiel, ein zartes Grau und Rosa verwenden, um die Blütenblätter anzudeuten.

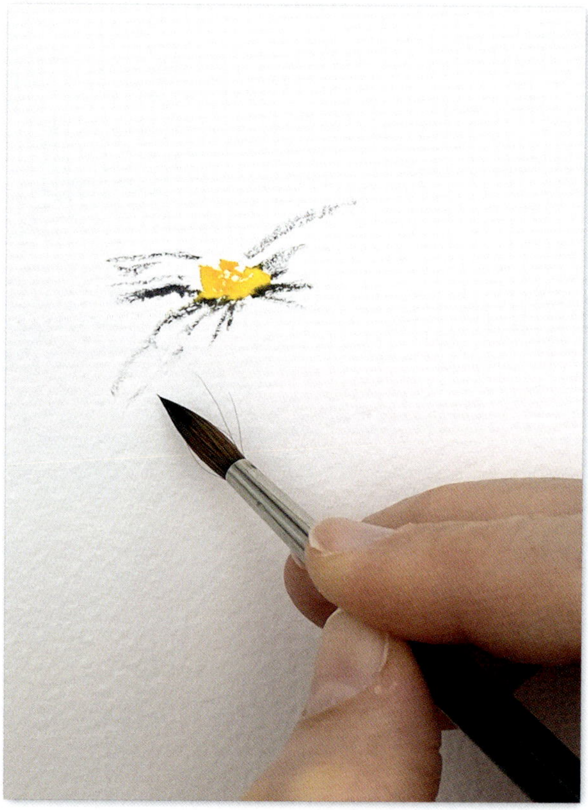

1. Schritt

Male zuerst die Blütenmitte mit einer kräftig pigmentierten gelben Farbe und deute mit einer relativ trockenen grauen Farbe von der Mitte ausgehend die Blütenblätter mit einzelnen Strichen an.

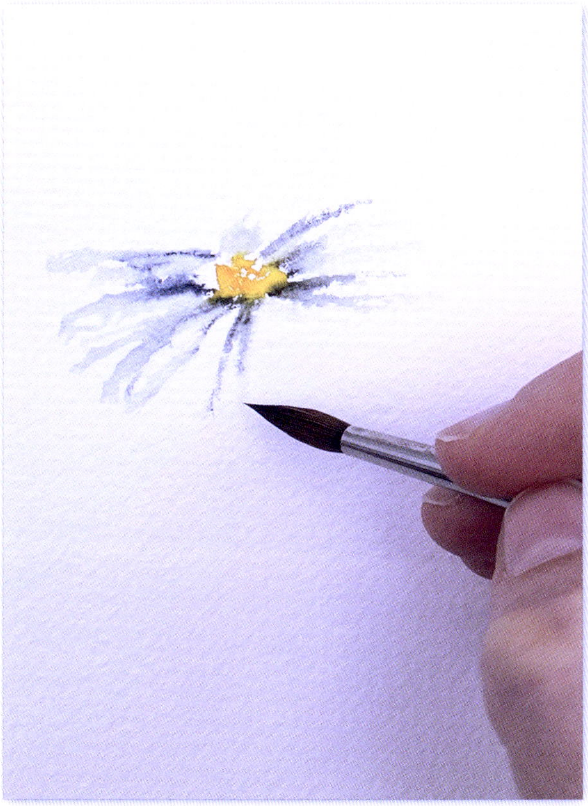

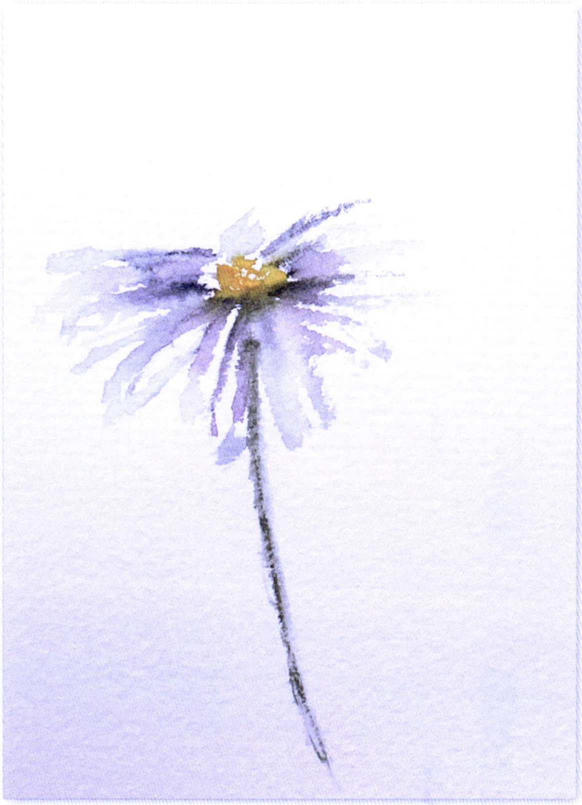

2. Schritt
Mit einem sauberen und etwas angefeuchteten Pinsel verwasche nun leicht die einzelnen grauen Linien. Male sie mit dem angefeuchteten Pinsel immer weiter aus der Mitte heraus, um so die einzelnen Blütenblätter herauszuarbeiten.

3. Schritt
Ergänze mit einer grünen Farbmischung aus Gelb und Blau den Stiel des Gänseblümchens und tupfe leicht an den unteren gelben Blütenrand der Blütenmitte, um hier ein paar grüne Akzente zu setzen.

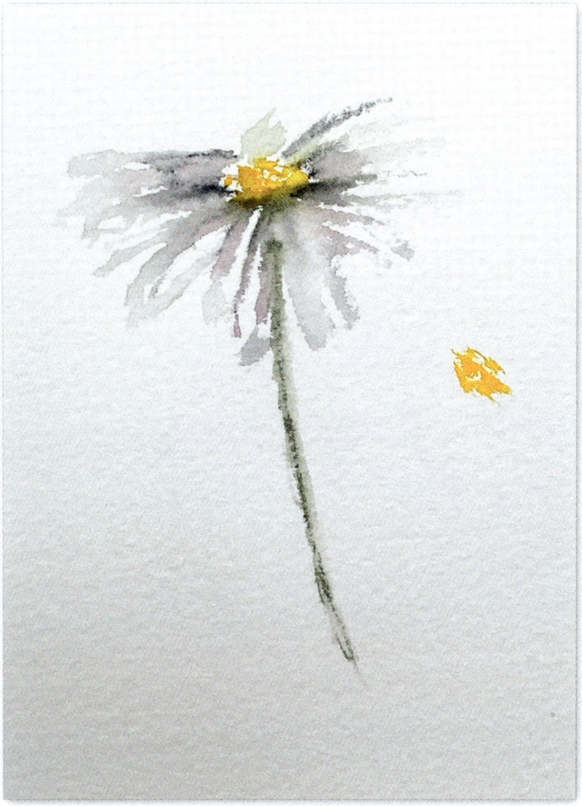

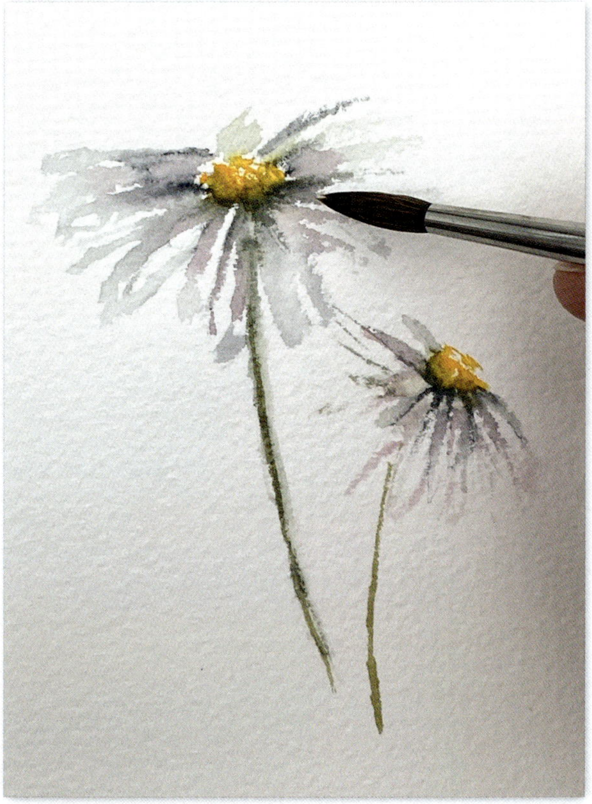

4. Schritt
Male entsprechend der Schritte 1 bis 3 ein weiteres kleines Gänseblümchen neben das erste.

5. Schritt
Mit einer relativ trockenen Farbmischung aus Grau und Rosa setze weitere Akzente an den einzelnen Blütenblättern oder ergänze ein paar Blütenblätter mit einer schwach pigmentierten rosa Farbe.

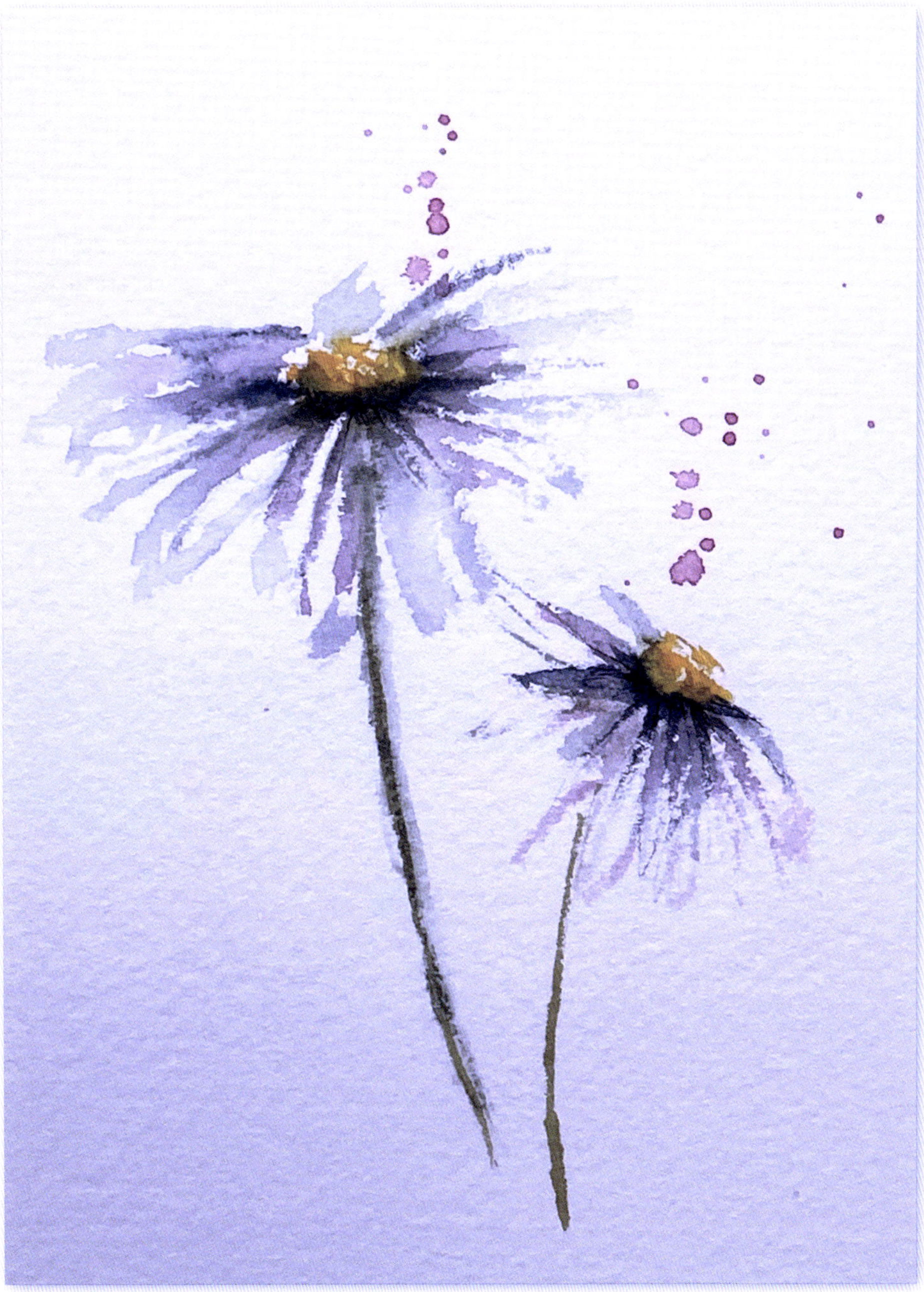

6. Schritt
Am Ende lockere das Blumenbild mit einigen Farbsprenkeln aus dem nassen Pinsel auf.

Mohnblüte

Material

Aquarellpapier

Aquarellfarben in

- Lasurorange

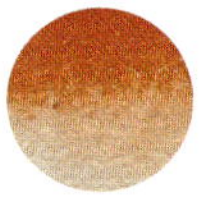

- Chinacridon Gold

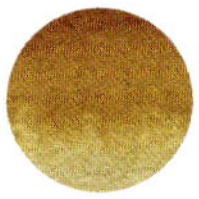

- Delftblau

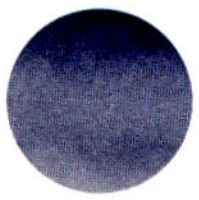

- Paynes Blaugrau

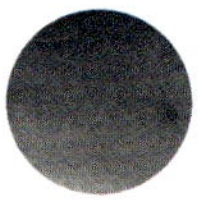

Rundpinsel, Größe 4

Mohnblumen gehören zu meinen großen Favoriten im Bereich der Blumen. Ihre Farbenvielfalt sowie ihre zarte Erscheinung finde ich ganz zauberhaft. Es erinnert mich an das Schlüpfen eines Schmetterlings, wenn sich die filigranen Blütenblätter aus der Knospenhülle entfalten.
Bevor du mit dem Malen der Blüte beginnst, erstelle dir eine grobe Skizze und überlege, welche Form bzw. Neigung die Blüte haben soll. Dies hat Einfluss auf die Form bzw. Lage der einzelnen Blütenblätter.

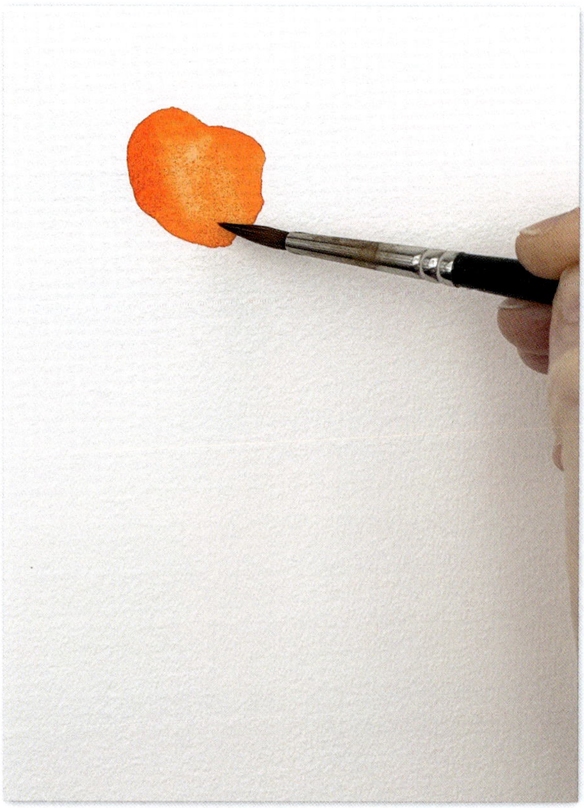

1. Schritt
Bei einer leicht geneigten, vorne offenen Blüte beginne mit dem hinteren Blütenblatt. Male dieses als Oval mit einer stark pigmentierten orangenen Farbe. Um innerhalb des Blütenblattes Tiefe zu erzeugen, wasche den Pinsel aus und entferne dann mit dem sauberen Pinsel wieder ein paar Farbpigmente. So entsteht im mittleren Teil des Blütenblattes eine hellere Optik.

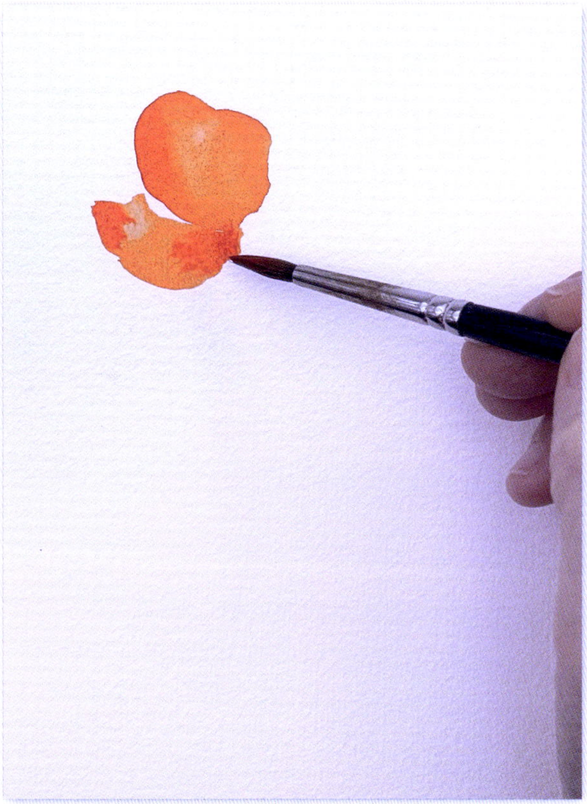

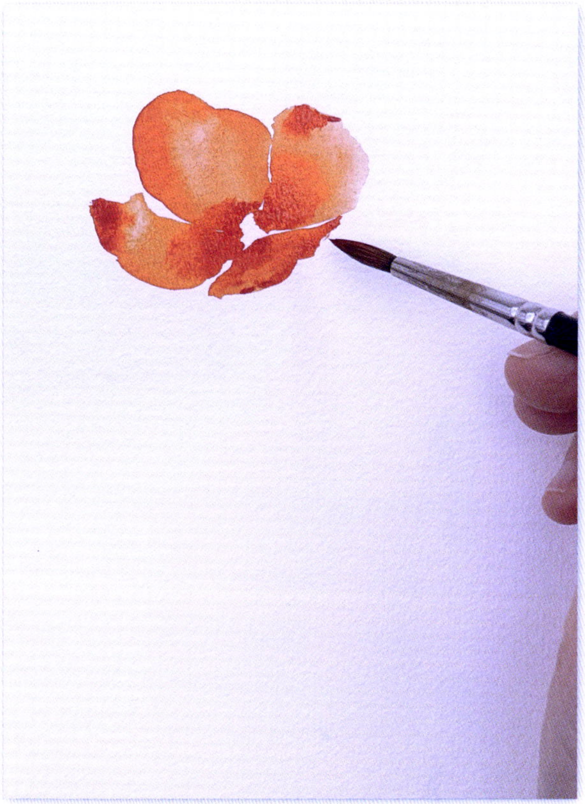

2. Schritt

Mit einer schwach pigmentierten orangenen Farbe male anschließend das zweite Blütenblatt halbmondförmig links neben das erste Blütenblatt. Nutze für einige Akzente die „Nass-in-Nass-Technik“, indem du jeweils an den Rand des Blattes einen hoch pigmentierten Farbtupfer setzt. Die Pigmente werden in das Blütenblatt hineingezogen und erzeugen so eine lebendige Struktur. Verfahre ebenso mit dem 3. Blütenblatt auf der rechten Seite.

3. Schritt

Das 4. Blütenblatt ist optisch eher von der Seite sichtbar. Setze hier, mit ein wenig Abstand zu den anderen Blütenblättern, ein Blütenblatt in Form eines flachen Dreiecks mit einer leicht welligen Unterseite an.

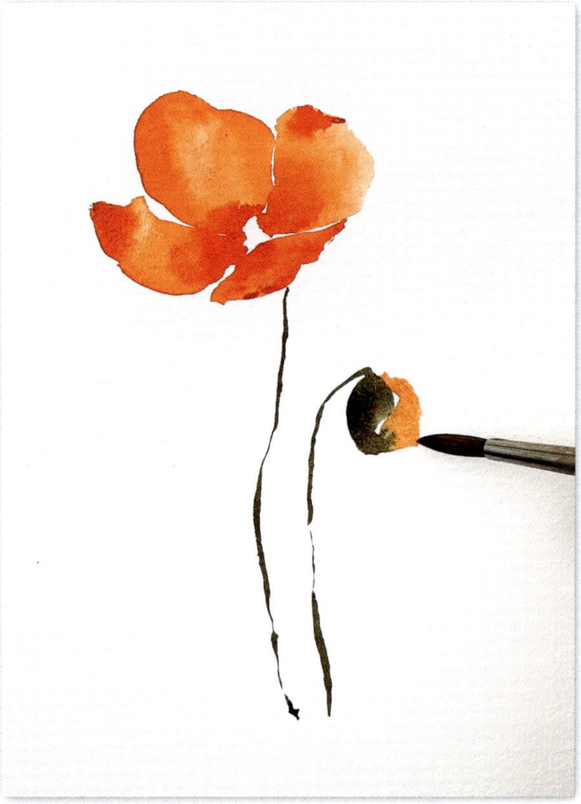

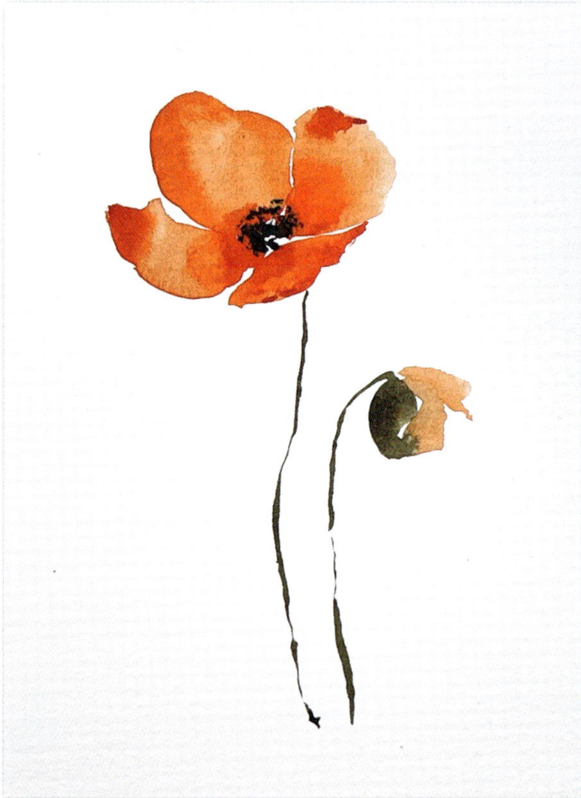

4. Schritt
Mit einem aus Blau und Gelb gemischten Grünton male anschließend den Stängel der Blüte und ergänze bei Bedarf noch eine kleine, halb offene Mohnknospe an der Seite. Male mit dem Grünton eine halbe Blütenknospenhülle und setze anschließend mit einer schwach pigmentierten orangenen Farbe ein oder zwei Blütenblätter daran, die gerade dabei sind, sich aus der Knospe zu entfalten.

5. Schritt
Mit der schwarz-grauen Farbmischung aus Grau male anschließend die Mitte der Blüte aus und tupfe ein paar Staubblätter und Staubfäden darüber.

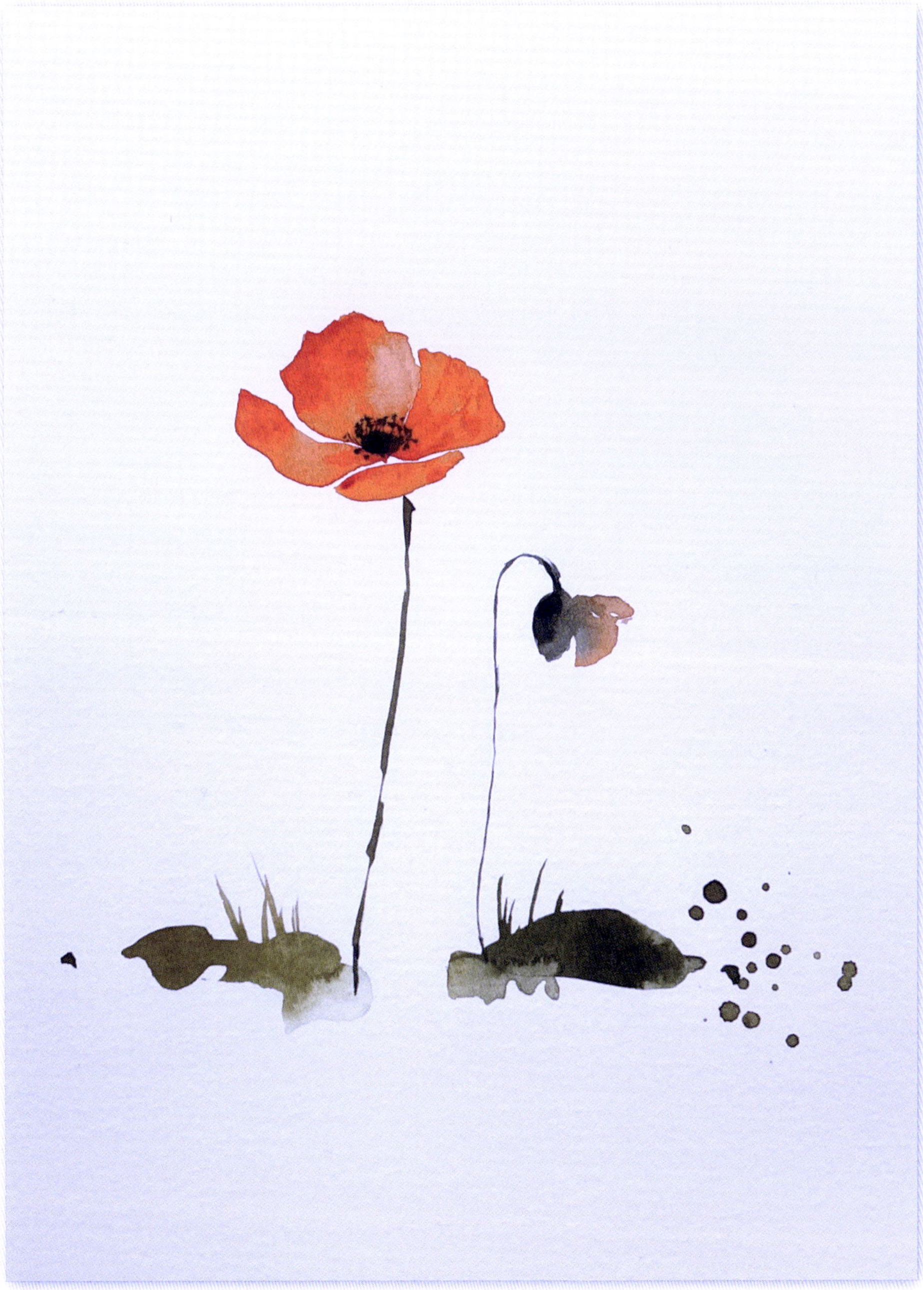

Fertiges Bild
Zum Abschluss kannst du um die Mohnblumen herum noch etwas Gras ergänzen mit einer Farbmischung aus Gelb und Blau.

Mohnblumen als Lesezeichen oder Geschenkanhänger

Material

Aquarellpapierreste, Aquarellpapier-übungsblätter

Eckenstanzer, z.B. von Paperfuel

Locher

Schere

Organzaband

Im Laufe der Zeit haben sich bei mir durch das Zu- bzw. Ausschneiden der Aquarellbilder viele Papierreste, meist in Form schmaler Streifen, angesammelt. Gleichzeitig auch viel Papier, auf dem ich Blumen ausprobiert oder geübt habe. Zum Entsorgen sind diese Übungsblätter zu schade, zum Verschenken als Gesamtkunstwerk sind sie jedoch leider auch nicht geeignet.

Dennoch gibt es für diesen „Ausschuss" noch wunderbare Verwendungsmöglichkeiten. So eignen sich zum Beispiel schmale Aquarellpapierstreifen hervorragend, um daraus Lesezeichen zu basteln und diese mit hübschen Blumen zu bemalen. Mithilfe eines Lochers kannst du anschließend am oberen Rand mittig ein Loch stanzen, um z.B. ein schmales Organzaband zu befestigen. Zusätzlich kannst du bei Bedarf mit einem Eckenstanzer noch die vier Ecken des Lesezeichens abrunden.

Übungsblätter mit vielen Blumen eignen sich sehr gut, um daraus beispielsweise kleine Geschenkanhänger zu basteln. Diese kannst du entweder per Hand ausschneiden oder auch einen Geschenkanhänger-Stanzer benutzen. Mit einem Locher kannst du, wie bei den Lesezeichen, ein Loch in den Anhänger stanzen, um diesen dann mit einem Band am jeweiligen Geschenk zu befestigen.

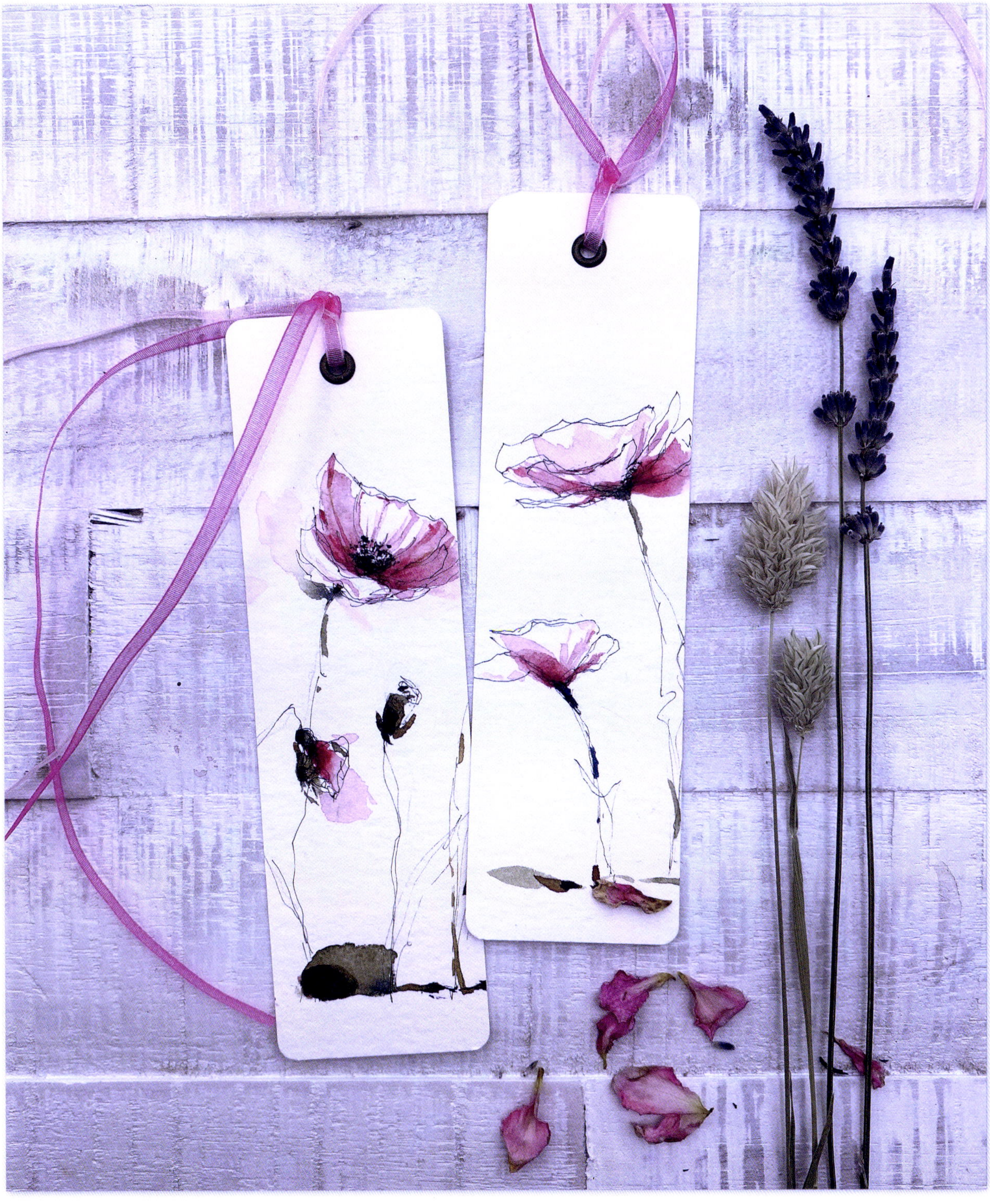

Impressum

Illustrationen: Natalie Selinski
Verantwortlich: Maria Möllenkamp
Lektorat: Uta Koßmagk
Korrektorat: Brigitte Schnock
Umschlaggestaltung: Mathias Frisch
Layout: Elke Mader
Repro: LUDWIG:media
Herstellung: Julia Hegele
Printed in Slovenia by Florjancic Tisk

★★★★★

Sind Sie mit diesem Titel zufrieden? Dann würden wir uns über Ihre Weiterempfehlung freuen. Erzählen Sie es im Freundeskreis, berichten Sie Ihrem Buchhändler oder bewerten Sie bei Onlinekauf. Und wenn Sie Kritik, Korrekturen, Aktualisierungen haben, freuen wir uns über Ihre Nachricht an:
Christian Verlag, Postfach 40 02 09, 80702 München oder per E-Mail an lektorat@verlagshaus.de.

Unser komplettes Programm finden Sie unter

www.christophorus-verlag.de

In diesem Buch wird aus Gründen der besseren Lesbarkeit das generische Maskulinum verwendet. Weibliche und anderweitige Geschlechteridentitäten werden dabei ausdrücklich mitgemeint, soweit es für die Aussage erforderlich ist.

Die Deutsche Nationalbibliothek verzeichnet diese Publikation in der Deutschen Nationalbibliografie; detaillierte bibliografische Daten sind im Internet über http://dnb.d-nb.de abrufbar.

2. Auflage 2025

ISBN 978-3-86230-451-6

Kreativ-Service

Sie haben Fragen zu unseren Büchern und Materialien? Wir beraten Sie gern rund um alle Kreativthemen. Rufen Sie uns einfach an. Wir interessieren uns auch für Ihre eigenen Ideen und Anregungen. Sie erreichen uns per E-Mail kreativ-service@c-verlag.de oder unter der Telefonnummer 0049-89-1306 99 577.

Besuchen Sie uns im Internet: www.christophorus-verlag.de & www.selbstgemacht.de

Ebenfalls erhältlich ...

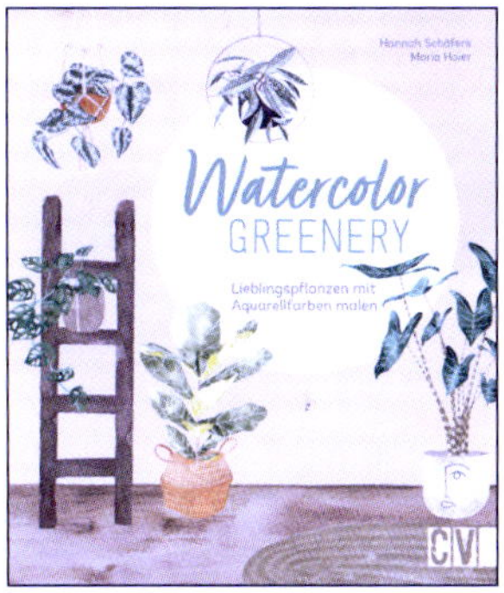

ISBN 978-3-86230-447-9

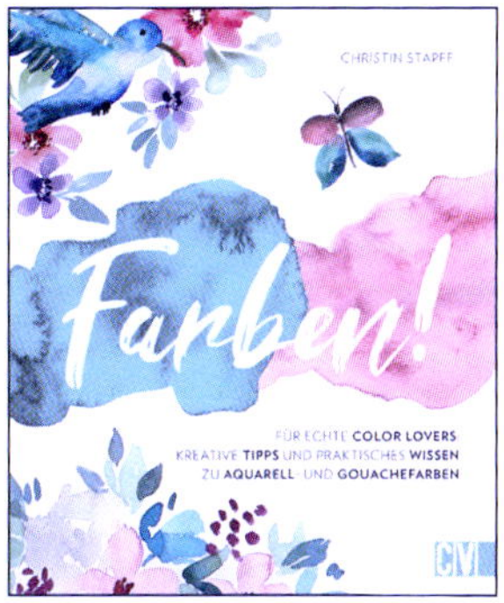

ISBN 978-3-86230-415-8

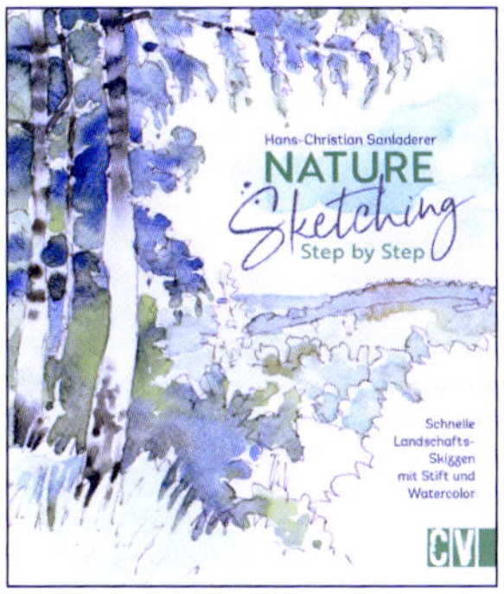

ISBN 978-3-86230-444-8

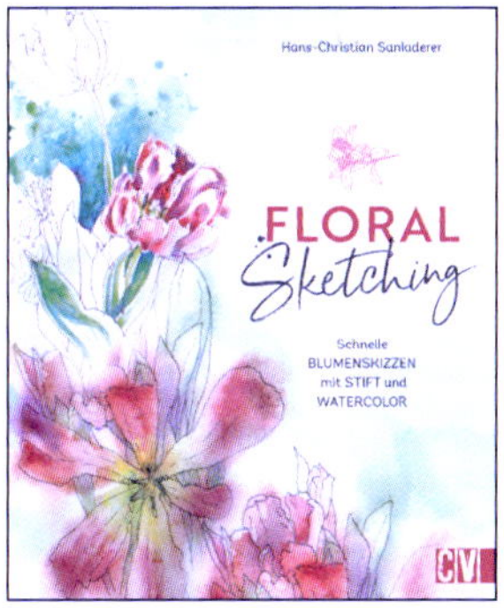

ISBN 978-3-86230-436-3

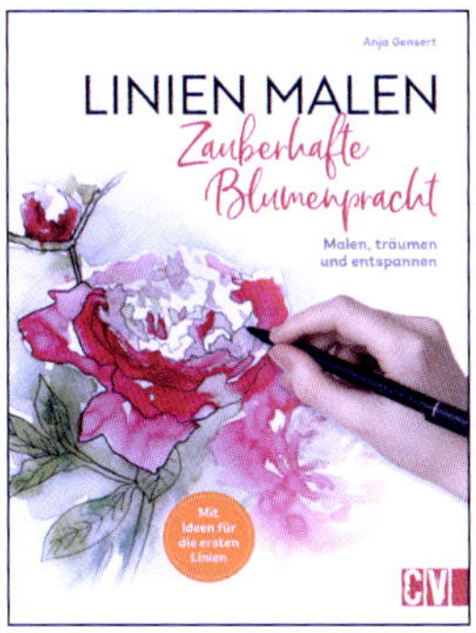

ISBN 978-3-86230-457-8

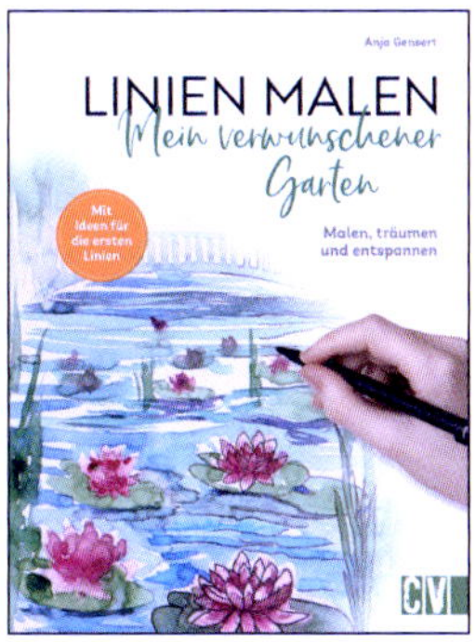

ISBN 978-3-86230-458-5

www.christophorus-verlag.de